中公新書 2648

仁藤敦史著

藤原仲麻呂

古代王権を動かした異能の政治家

中央公論新社刊

はじめに

藤原仲麻呂《ふじわらのなかまろ》（七〇六〜七六四）は奈良時代中期に活躍した貴族政治家である。藤原氏は彼の父の代に、南家《なんけ》（武智麻呂《むちまろ》）・北家《ほっけ》（房前《ふささき》）・式家《しきけ》（宇合《うまかい》）・京家《きょうけ》（麻呂《まろ》）の四家に分かれた。仲麻呂は、そのうちで嫡系である南家の始祖、藤原武智麻呂の次男として生まれた。律令編纂《へんさん》に功績があった藤原不比等《ふひと》は祖父、「大化改新」で活躍した鎌足《かまたり》は曽祖父にあたる。

七六〇（天平宝字四）年、彼は五五歳のときに太政官《だじょうかん》における最高位の大師《たいし》（太政大臣）、二年後の七六二年には正一位《しょういちい》となり、臣下としては異例の極位極官に到達する。ところが、さらに二年後の七六四年には、一転して逆賊とされ、琵琶湖畔で斬首《ざんしゅ》されて最期を迎える。

同時代の仲麻呂人物評には「天性は聡《さと》く賢く、多くの書物に精通していた」（『続日本紀《しょくにほんぎ》』）と学識文才が称揚され、非凡な学者的秀才として高い評価がある。

だが一方で、「よこしまで、道にそむく人物」という極端な評価もある（天平宝字八年九月癸亥・同年一〇月己卯条）。近世以降も、一般的には逆臣・謀叛《むほん》人の評価が定着している（『大日本史』叛臣伝《はんしんでん》）。このように毀誉褒貶《きよほうへん》が定まらない人物である。

こうした批判も多い藤原仲麻呂だが、歴史的に重要な存在である。それは、特に以下の四つの点からである。

第一に、奈良時代中期の皇位継承や政治過程について、仲麻呂ほど深く関与した人物はおらず、彼を抜きにこれらは語れないことである。また、古代では稀《まれ》なほど仲麻呂関係の史料は多く残り、多方面に活動した人物だからである。

第二には、官号をすべて中国風に改めるなどの、極端な唐風《とうふう》志向である。仲麻呂は自らが右大臣のときに、太政官を「乾政官《けんせいかん》」、右大臣を「大保《たいほ》」などと変更している。

第三に、対外的な強硬主義である。外交上の上下関係で日本と対立していた新羅《しらぎ》に対しては征討軍派遣の直前段階まで具体的な準備を進めていた。ただしこの点は、藤原氏の伝統的な政策でもある。

第四に、王権に対して藤原氏、とりわけ仲麻呂一族に限定した「藤原恵美家《ふじわらのえみけ》」を国家第一の功臣家として強く位置づけようとしたことである。それまで六七二年の壬申《じんしん》の乱での功が、国家第一の功績として位置づけられてきたのに対して、仲麻呂の権力奪取後は、中臣《なかとみ》鎌足による大化改新の功績（乙巳《いっし》年の功）や藤原不比等による大宝・養老律令編纂の功績（律令修訂の功）をことさらに顕彰しようとした。

また、どちらかといえば凡庸《ぼんよう》であった父武智麻呂の功績を強調していることも見逃せない。武智麻呂は、病弱であり『万葉集』や『懐風藻《かいふうそう》』に詩作を残さず、官歴でも弟であり北家の始祖である房前の後塵《こうじん》を拝していた。仲麻呂は中臣・藤原・恵美という嫡系純化路線を推進し、父武智麻呂の伝記を「鎌足伝」とともに『藤氏家伝《とうしかでん》』として編纂し、房前とのセットで太政大臣を追贈するなど、手の込んだ顕彰策をしばしば用いた。

これらは、いずれも藤原氏嫡系の恵美家が大師（太政大臣）として政治を主導することの歴史的正統性を主張するための方策であった。

こうした直系純化路線は、中央貴族のみならず、地方官たる郡司《ぐんじ》の任用にまで血統（譜第《ふだい》主義）を重視したことにつながっている。仲麻呂は飛鳥時代から奈良時代にかけて数多く登場した女帝について相対的に低い評価しか与えていないが、そこには男子嫡系主義の考えがあったとも思われる。

仲麻呂は、第二に指摘した極端な唐風趣味についてはしばしば語られるが、彼のこうした政治的思想の全貌《ぜんぼう》について語られることは少ない。

だが、鎌足・武智麻呂の伝記たる『藤氏家伝』、貴族の紳士名鑑たる「氏族志《しぞくし》」、『日本書紀』につぐ二番目の正史『続日本紀』の草稿編纂、および大宝律令を修正した「養老律令」の施行などは、いずれも一貫した仲麻呂の思想的産物として位置づけるべきものである。

仲麻呂は、聖武《しょうむ》天皇の皇后で叔母にあたり後見人でもあった光明子《こうみょうし》が没した七六〇年以降、彼女の娘である孝謙《こうけん》上皇と対立していく。仲麻呂は追い詰められていくなかで、天武《てんむ》天皇の孫にあたる氷上塩焼《ひかみのしおやき》を「今帝《きんてい》」（新しい天皇）、自らの息子たちを「親王」と呼ばせた。

潜在的には中国流の王朝交替的な考えがあった。

光明子の死後から、その勢いに翳《かげ》りが生じ、怪僧道鏡《どうきょう》を信任するようになった孝謙上皇との対立が顕在化していくなか、七六四年に仲麻呂は密《ひそ》かに都に兵力を集めようとするが、そのことが密告される。

仲麻呂は天皇の命令施行に必要な内印《ないいん》（正式な命令であることを証明する天皇の印）と駅鈴《えきれい》（命令伝達用の馬を使用できる許可証）の奪取も試みるが失敗した。そのため、再起を期して一族の拠点であった近江《おうみ》・越前《えちぜん》方面に逃走したが、追討部隊により捕らえられ、首をはねられた。いわゆる藤原仲麻呂の乱（恵美押勝《えみのおしかつ》の乱）である。

仲麻呂政権が行った政策のうち、中国風の官職名はすぐに廃止され、仲麻呂の絶頂期を記述した『続日本紀』の草稿の一部で仲麻呂を賛美していた「天平宝字元年紀」は、紛失という名目で事実上不採用となった。しかしながら、仲麻呂が施行した行政法の集成である「養老律令」は江戸時代まで機能した。また官人の教養として仲麻呂が学習を命じた、唐の則天《そくてん》武后《ぶこう》撰述の政治道徳書「維城典訓《いじょうてんくん》」（維城は嫡子の意味で、嫡子中宗《ちゅうそう》に示した教訓書か）と、「律令格式《きゃくしき》」（現在の刑法・行政法および追加修正法・施行細則）については、一〇世紀半ばの『延喜式』にもこれらの規定が継承されている。

本書では、この稀代《きたい》の政治家である仲麻呂の表面的な官歴や政策、事件史だけでなく、その政治的理念にまで立ち入って論じていく。

目次

天皇家略系図

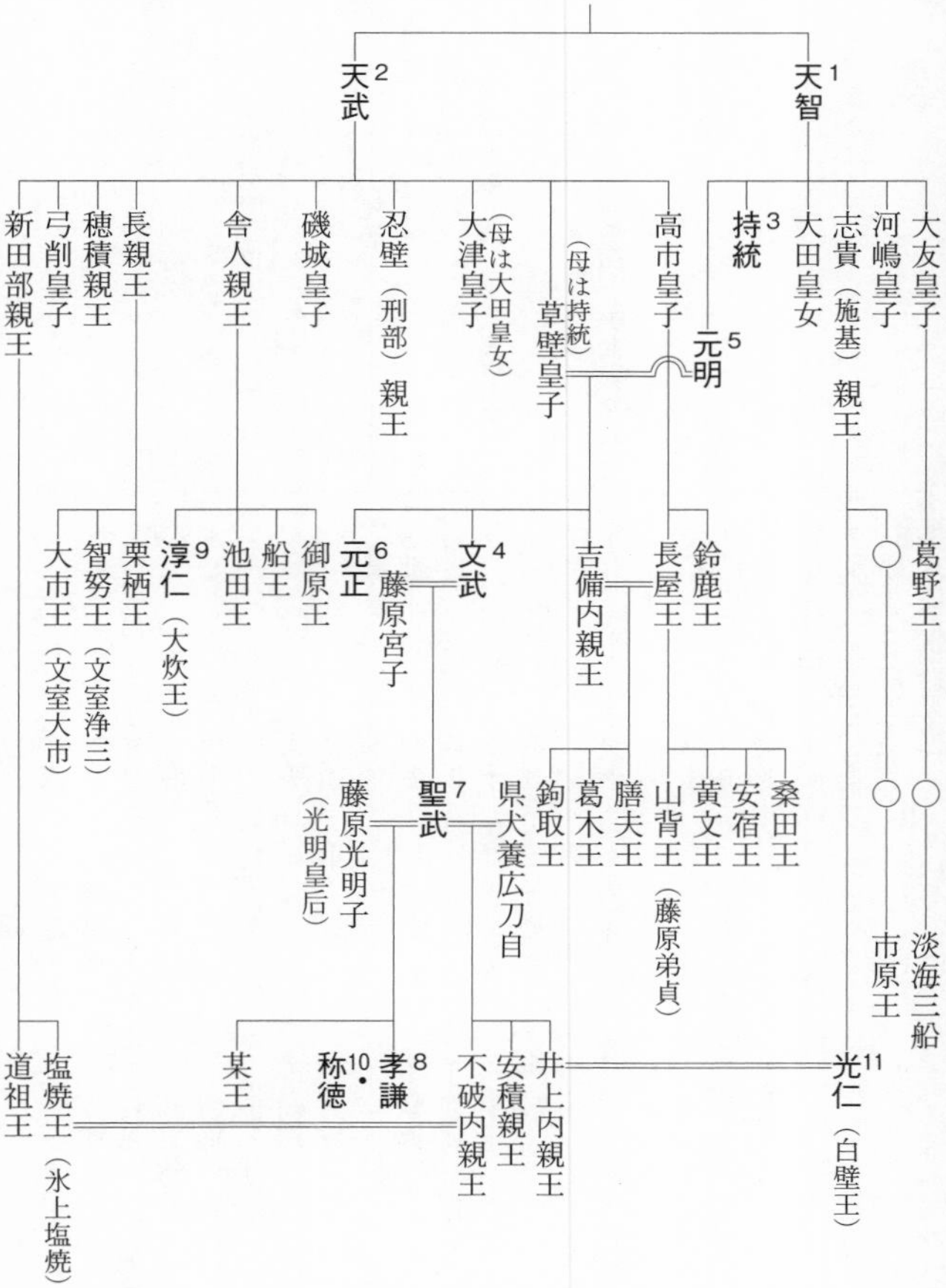

註記：太字は天皇。数字は皇統譜による即位順

藤原氏略系図

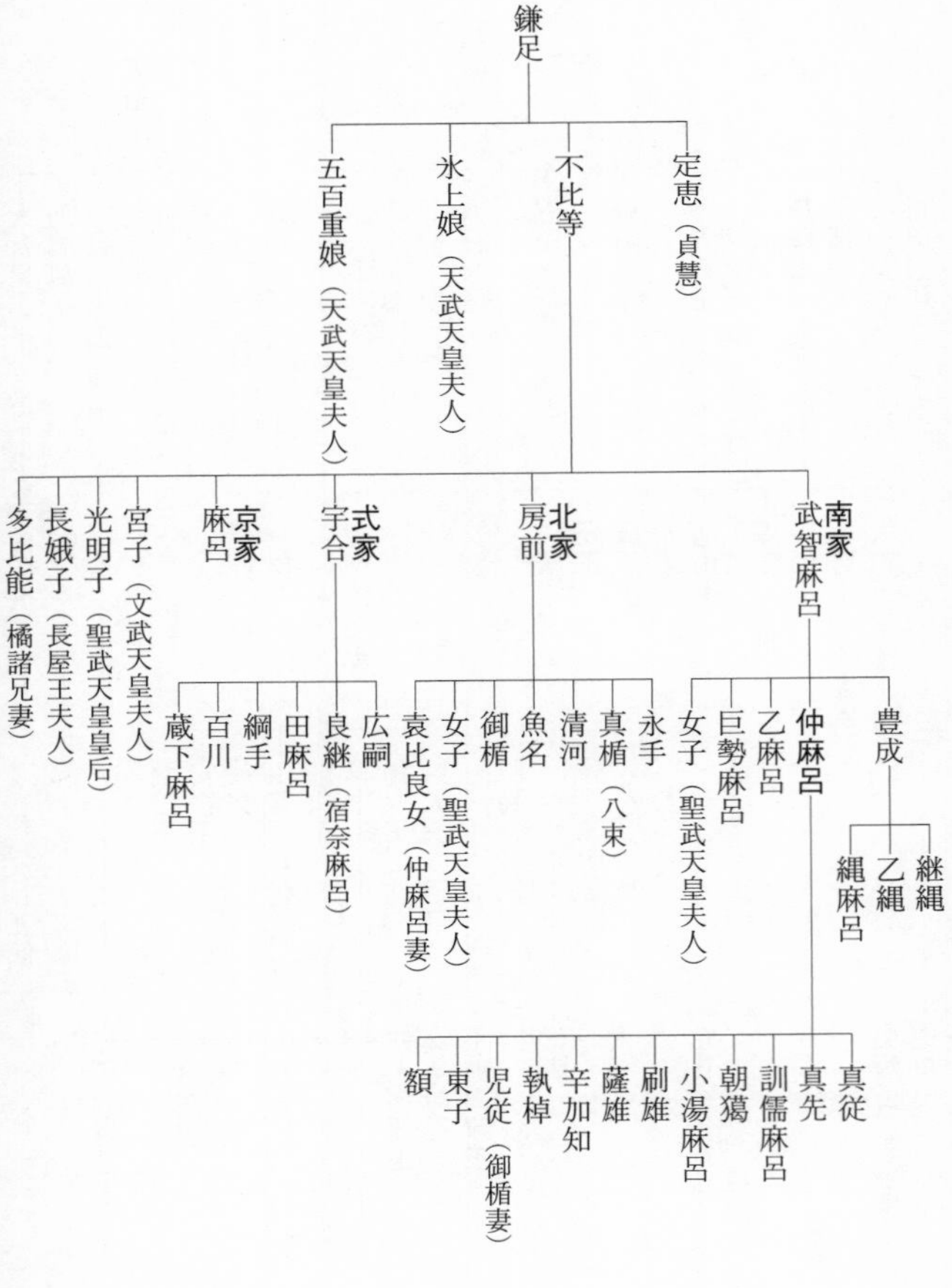
鎌足
定恵（貞慧）
不比等
氷上娘（天武天皇夫人）
五百重娘（天武天皇夫人）
南家
武智麻呂
北家
房前
式家
宇合
京家
麻呂
宮子（文武天皇夫人）
光明子（聖武天皇皇后）
長娥子（長屋王夫人）
多比能（橘諸兄妻）
豊成
仲麻呂
乙麻呂
巨勢麻呂
女子（聖武天皇夫人）
継縄
乙縄
縄麻呂
永手
真楯（八束）
清河
魚名
御楯
女子（聖武天皇夫人）
袁比良女（仲麻呂妻）
広嗣
良継（宿奈麻呂）
田麻呂
綱手
百川
蔵下麻呂
真従
真先
訓儒麻呂
朝獦
小湯麻呂
刷雄
薩雄
辛加知
執棹
児従（御楯妻）
東子
額

藤原仲麻呂——古代王権を動かした異能の政治家

凡例

・読みやすさを考慮し、人名・地名・役職などは、史料や時期により表記のゆれが存在するが、できるだけ統一的に表記した。
・皇族には原則として天皇・皇后・親王の用語を用いた。太上天皇については、一般的な用語としては太上天皇とし、個別の太上天皇については、聖武上皇、孝謙上皇と表記した。
・孝謙天皇については、時期により名称が変化するので、原則として、A皇太子以前は阿倍内親王、B皇太子期間は、阿倍皇太子、C天皇即位期間は孝謙天皇、D太上天皇としての退位期間は孝謙上皇、E重祚後は称徳天皇を用いた。また光明皇后についても、A立后以前は藤原光明子、B皇后期間は光明皇后、C聖武天皇の譲位後は、光明皇太后を用いた。
・引用史料は原則として現代語訳とし、〔 〕は著者の見解として補足した部分である。『続日本紀』など正史の引用は煩雑を避け、条文名のみ記した。

序章　藤原氏嫡系の「次男」

1　早熟の秀才――算術への志向

出自

藤原仲麻呂（のちに藤原恵美押勝と称する）は正一位大師（太政大臣）という、人臣としては極位極官まで昇りつめながら、一転して逆賊とされ、琵琶湖畔で斬首《ざんしゅ》されて最期を迎える。

後世、仲麻呂は逆賊として評価されることが多いが、鎌倉時代に成立した歴史物語『水鏡』に、「おなじ大臣と申せども、世のおぼえめでたくおわせし人の、ときのまにかくなりたまいぬる、あわれに侍《はべり》し事なり」（巻下廃帝）とあるように、やや同情的に評価するものもある。実像は果たしてどのようであったのか、波瀾《はらん》万丈の生涯を過ごした稀代の政治家について、通説とはやや異なる視角から論じていく。

仲麻呂は、藤原氏嫡系である南家の始祖、藤原武智麻呂の次男として生まれた。母は大臣の家柄で古くからの名族であった阿倍《あべ》氏の娘で、兄の豊成《とよなり》と同母である。異母の弟には乙麻《おとま》呂《ろ》と巨勢麻呂《こせまろ》がいる。仲麻呂の名前は、しばしば中国風の二字表記で「仲満」とも書かれた。仲末呂・仲万呂・仲丸などとも表記し、先述したようにのちには藤原恵美押勝と改められた。

生年については、九世紀の史料をもととした『公卿補任《くぎょうぶにん》』に享年「五十九」(天平宝字八年条)とあることから計算すれば、没年は七六四年であるから、七〇六(慶雲三)年と推測される。彼が生まれたとき、祖父不比等は従二位大納言《じゅにいだいなごん》、父武智麻呂は従五位下《じゅごいのげ》で、大学助《だいがくのすけ》から大学頭《かみ》に昇進している。年代からすれば藤原京時代(六九四〜七一〇)に生まれたことになる。

父武智麻呂は、『藤氏家伝』によれば平城京左京を本貫《ほんがん》(本籍地)とし、大宮の南に邸宅(左京の私第《しだい》)があったと伝える。これが南家の由来となる。すでに七〇一年には正六位上内舎人《うどねり》として出仕し、仲麻呂誕生の前年には従五位下に昇叙されていた。おそらく自宅を藤原京と同じく左京に構えていたのではないか。のちに仲麻呂が居所とした田村第《たむらてい》も平城京左京四条二坊に所在したが、父武智麻呂の宮南宅を継承したとも考えられる。

有力豪族阿倍氏の血

母の出自については、『藤氏家伝』の「武智麻呂伝」は嫡夫人として「阿倍大臣の外孫」とあり、二人の子を養育し、豊成が長子であったとする。『公卿補任』では従五位下「阿倍朝臣貞吉《あそんさだよし》」の娘「貞媛《さだひめ》」（天平九年条）、『尊卑分脈《そんぴぶんみゃく》』は従五位下「阿倍真虎《まとら》」の娘、また異なる伝には従五位下「真若吉」の娘ともある（真若吉は真虎と貞吉の混合的な名前で誤伝であろう）。

「阿倍大臣」が右大臣阿倍御主人《みうし》とすれば、彼の娘と同族の貞吉（あるいは真虎）との間に生まれた「貞媛」が仲麻呂の母であったことになる。武智麻呂の父不比等は、古くからの名族阿倍氏の孫娘を嫡男の嫁としたことになる。

ちなみに、阿倍御主人は七〇一年から三年ほど右大臣を務めており、祖父藤原不比等も、御主人の大納言から右大臣昇格と連動して、その欠員を埋めるように同日に中納言から大納言に昇格している。さらに七〇八年からは阿倍御主人と同じ右大臣となっている。不比等にとって、御主人は一世代上の先輩政治家であり、新興の藤原氏は、有力豪族阿倍氏との婚姻により閨閥《けいばつ》を固め、一族の発展を図ったものと考えられる。

阿倍氏は、六世紀前半の宣化《せんか》天皇（在位五三五〜五三九）の時代以降、蘇我《そが》大臣のもとで大夫《まえつきみ》として大麻呂《おおまろ》が政治に参加し、七世紀中葉の孝徳《こうとく》天皇の時期には阿倍倉梯麻呂《くらはしまろ》が左大臣となっている。倉梯麻呂の娘、小足媛《おたらしひめ》は孝徳天皇の妃となって有間《ありま》皇子を生み、さらに同じく娘の橘娘《たちばなのいらつめ》は天智《てんじ》天皇（在位六六八〜六七一）の妃になっている。六八四年には、有力氏族の称号である朝臣に改姓している。

その後、阿倍氏は一族が、布勢《ふせ》・引田《ひけた》・久努《くぬ》・長田《おさだ》・許曽倍《こそべ》・狛《こま》などのいくつかの家に分かれ、分裂していった。蝦夷《えみし》征討で有名な阿倍比羅夫《ひらふ》は引田氏系の人物で、倉梯麻呂の子、御主人は布施氏系である。

非凡の秀才

仲麻呂の没伝（死後に正史に記される人物伝）には次のように記されている。

彼は理解が早く、おおよその書物は読んでいた。とりわけ算術については大納言阿倍宿《すく》奈《な》［少］麻呂《まろ》から学び、その術に精通していた。（天平宝字八年九月壬子条）

当代一流の漢学者であった淡海真人三船《おおみのまひとみふね》の評価にも「性識聡敏」（生まれつき賢い）とあることから、仲麻呂が非凡の秀才であり、学識面で高い評価を得ていたことがわかる。母が阿倍氏の出自であることから、引田氏系と布施氏系の違いはあるが親戚の者が個人的な家庭教師として選ばれたのであろう（岸俊男説）。

阿倍比羅夫の子、大納言正三位阿倍宿奈麻呂は、すでに七二〇年の正月には死去しているので、七〇六年生まれの仲麻呂は一〇代前半までに多くの書物を読み、とりわけ「算術」を彼から習得していた早熟な秀才だったことになる。

阿倍宿奈麻呂が算術に秀でていたことは、他の史料には見えない。だが、通説によれば造《ぞう》平城京《へいじょうきょう》司《し》長官を務めていたこと、造営臨時官司にはしばしば下僚として建築計算をする算《さん》師《し》が任命されたことなどから、算術の実用応用問題として土木・造営関係で測量技術が必要とされ、阿倍宿奈麻呂がこうした技術に秀でていたとされる。

では、仲麻呂が阿倍宿奈麻呂から学んだ算術の具体的中身はどのようなものであったか。律令の規定によれば算師の育成は大学寮《だいがくりょう》で定員二名の算博士《さんはかせ》が担当し、三〇名の算生《さんしょう》が中国由来の『九章《きゅうしょう》』（実用計算の例題集）・『周髀《しゅうひ》』（天文計算の書）などを教科書として講義を受ける。その後、所定の試験に合格した者が算師に任命された（職員令《しきいんりょう》・学令）。

ただし、高等数学の必要性は低く、実務的な算術計算が重視されていた。班田《はんでん》や荘園の境界画定、造営にともなう設計などの分野で算師が任じられる場合があったが、必ずしも算道を学習した学生が算師になるわけではなく、一般の下級官人として任官したという（大隅亜希子説）。

実際の算生への教育は、大学寮（算科）と陰陽寮《おんみょうりょう》（暦科）の区別は曖昧《あいまい》で、算術の名手として褒賞された人々（養老五年正月甲戌条）には、七曜《しちよう》・頒暦《はんれき》の弟子教育が命じられている（天平二年三月辛亥条・「武智麻呂伝」）。

仲麻呂政権期の七五七年に、算科が暦科に吸収され、暦算科として陰陽寮の管轄下に置かれて暦博士が算師の養成を担っていた（細井浩志説）。こうした算科と暦科の融合的運用は、まさに仲麻呂が推し進めた政策であったと解釈される。天平期の藤原武智麻呂による学術振興政策を仲麻呂が継承発展させたといえる。

算術重視の姿勢

仲麻呂の算術に対する志向は、彼が政権を担うようになった七五七年に暦生・算生の教科書を統一し、暦算を重視したことからわかる（『類聚三代格《るいじゅさんだいきゃく》』天平宝字元年一一月九日勅）。また翌年の官司の唐風への改名にあたり八省以下では典籍の保管をする図書寮《ずしょりょう》と暦算生を養成した陰陽寮のみをその対象とし、特に重視したことなどからもわかる（天平宝字二年八月甲子条）。

さらに七六三年には儀鳳暦《ぎほうれき》を廃止して大衍暦《たいえんれき》に改め（同七年八月戊子条）、「大浦《おおうら》は、世《よ》陰陽を習う。仲満甚《はなは》だこれを信して、問うに事の吉凶を以《もち》てす」とあるように仲麻呂は陰陽師大津大浦《おおつ》を重用した（宝亀六年五月己酉条）。単なる算術計算ではなく、明らかに陰陽や暦算を重視していた。

算術は暦法を媒介にして宇宙論を含み、天の意志を知ることで儒教との関係が生じることから、儒教的な秩序を重視する仲麻呂は、こうした陰陽・暦算を重んじた政策を採用したとされる（亀田隆之説）。

さらに、阿倍氏の傍流と伝える末裔《まつえい》が、のちに安倍晴明《あべのせいめい》のように陰陽師として活躍することなどを考慮に入れれば、仲麻呂が阿倍宿奈麻呂から学んだ算術とは、陰陽・暦算に重点があったと推測できる。後年の暦・算重視の政策に、幼少時の学習が生かされたことになる。

父武智麻呂の影響

一方で『藤氏家伝』に収められた「武智麻呂伝」によれば、兄豊成とともに当時の高名な学者からも学んでいた。

子の仲麻呂と豊成を博士の門下に学ばせ、時々に絹布を贈り、その師の労に報いた。兄弟は、二人とも学才に富み、その評判は世間に知られた。（武智麻呂伝）

大学頭、つまり高等教育機関のトップでもあった藤原武智麻呂は、豊成・仲麻呂の二人を「博士門下」に学ばせたとある。学問の師に入学のとき、布や酒食を贈ることは、「束脩《そくしゅう》の礼」と呼ばれ、行うべき儀礼であった（学令在学為序条）。この場合の博士は、明経《みょうぎょう》（儒教）を意味し、大学寮の教官ではなく、儒教に高い学識を持つ者の称号である。

仲麻呂らが師事した「博士」とは、「明経」に優れた学者として褒賞され（養老五年正月甲戌条）、「武智麻呂伝」にも「宿儒《しゅくじゅ》」（高名な儒学者）として記載された守部連《もりべのむらじ》（鍛冶造《かぬちのみやつこ》）大隅《おおすみ》・越智直広江《おちのあたいひろえ》・背《せ》（肖）奈公行文《なのきみこうぶん》らが有力候補となる（関根淳説）。彼らは「後世を勧め励ますべし」ともあり、弟子を取ることも認められていた。

「武智麻呂伝」の記載によれば、父武智麻呂は貴族子弟が大学に入学しないことを嘆き、その充実に努力している。したがって、個人教授だけでなく大学寮にも入学していたことが想定される。実子の仲麻呂らも入学させたと考えるのが自然であろう。

また、七一二年から四年間、父が近江守《おうみのかみ》として赴任し、善政を施したことも、後年に仲麻呂が一三年にわたり近江守を継続したことの前提となった。

さらに、こうした藤原南家代々の近江守就任を正当化するため、七六〇年には祖父の不比等に対して近江一二郡すなわち近江一国に封じ「淡海公《たんかいこう》」の称号を追贈している。これは唐の封爵制度に倣った名誉称号であるが、近江国が藤原氏の領国化していることを明らかに印象づける施策であった。

他方で政治については、祖父不比等の活躍が影響を与えている。七〇六年に彼が生まれたとき、不比等は従二位大納言であったが、七〇八年には正二位右大臣となっており、仲麻呂が一五歳のときまで活躍していた。

この間に平城京遷都、興福寺《こうふくじ》建立、養老律令の編纂などの大事業を主導しており、仲麻呂にとっては偉大な祖父として、後年の政策に大きな影響を与えたのであろう。

不比等は補佐の功により食封《じきふ》五〇〇〇戸を賜るが辞退し（『日本後紀』弘仁六年六月丙寅条）、さらに存命中は太政大臣に任ぜられても固辞してうけなかったが（『公卿補任』養老二年条）、死後には正一位太政大臣を贈られている。これらのことも若き日の仲麻呂の心に強く刻印されたのではないか。仲麻呂は、生前に人臣初の太政大臣に就任するが、それには偉大な祖父を乗り越えるという大きな意味があったと想像される。

2　昇進の壁——兄豊成との歴然とした差

蔭位の制と官職

次に仲麻呂の位階と官歴についてみていきたい。『続日本紀』によれば時期は不明だが、天皇近侍の内舎人（高級貴族の子弟のみが任命される最上級の舎人）から大学寮の中級役人たる大学小允《しょうじょう》（三等官）に異動したとある。内舎人は、常勤職扱いのため出世が早かった。帯刀を許され天皇に昼夜近侍する役目で、天皇の信頼を得れば、のちには参議以上の議政官ともなった。転任後は、いきなり役所の三等官（判官《はんがん》）に抜擢《ばってき》されるエリートコースであった。通説的見解では、七二六年に内舎人任官と同時に父の蔭位《おんい》従六位下を与えられたとするが（岸俊男説）、その後八年間に二階しか上がらなかったとするのは不自然であるとの見解もある（木本好信説）。まずはこの当否を検討したい。

蔭位とは、高位者の子孫を父祖の位階に応じて一定以上の位階に叙位するという「親の七光り」そのもののような制度である。

五位以上の子孫が出身する（官職に就く）コースは、いわゆる大学で修学してから官吏任用の国家試験を受ける大学寮出身コースと、官人見習いの実務経験による舎人出身コースの二つが存在する。ただし、両者は原則として二一歳を区切りとし、前者は二一歳以前、後者は二一歳以後の出身コースとして設定されている。

蔭位資格者の舎人任用を規定した軍防令《ぐんぼうりょう》五位子孫条によれば、頭が賢い「性識聡敏」な者を内舎人に充てた。また六位以下の舎人任用を規定した同令内六位条には「書算に工《たく》み」な者を大舎人の基礎資格として挙げている。舎人には律令官人として最低限の学問的教養が必要とされていた。したがって、制度的には、舎人出身コースをとるとしても、大学寮で学んでいることが前提に考えられており、両者の一体的な運用が構想されていた。

大学寮出身コースでは二一歳までに貢挙《こうきょ》（学校推薦）、そして式部省試《しきぶ》（式部省による国家試験）に合格した場合、叙位がなされる。そのとき蔭位有資格者に対しては蔭位と式部省試により得られる位階を比較して、位階の高い方が与えられる。つまり、大学寮出身コースではこの時点（二一歳時）で蔭位が与えられる。

さらに、大学寮出身コースで式部省の試験に合格しない場合は舎人コースで官職に就くことも認められている。この場合の叙位は、二一歳以上で最低四年以上の期間を経て行われた。二一歳以前に見習いで官職に就く場合も考えられるが、実際にはそのような例は少なかった（兄豊成の一〇代での内舎人出身はこの事例で、あくまで特例）。

私見だが、奈良時代の蔭位授与の原則は舎人出身の場合、早くても官職に就いてから四年後であり（四考成選《よんこうじょうせん》、令文では六年だが、早くも七〇六年には四年とされた）、教科書にも書かれる二一歳での自動的な叙位が確立したのは七九五年からである。

このように、奈良時代末までは二一歳以上で任官することが普通であった。天皇による特別な授位がなければ、内舎人による授位は四年勤務の後に叙位の機会が巡ってくるので、二五歳以上の叙位となる。

官歴

仲麻呂もこうした一般的なコースを選択したとすれば、二一歳までは大学寮で勉強し、七二六年には有力貴族の子弟から選抜されて天皇に近侍する内舎人となったようだ。四年間の勤務後、おそらく七三一年に蔭位と内舎人としての勤務評定を合わせて、最初の叙位がなされたと想定される。

仲麻呂の確実な叙位は、二九歳の七三四年一月に正六位下から従五位下に昇叙されたときである。このとき、父武智麻呂は正三位から従二位に進み、大納言から右大臣に転任している。不比等の四人の子が、すべて参議以上となり国家政策に影響力を及ぼすようになる。いわゆる藤原四子体制の成立で、七三一年には確立していた。したがって、このときの叙位は正月の定例ではあるが、藤原一族に対する特授の意味も加味されていたと想定される（三男宇合の叙位もこのとき）。

仲麻呂の蔭位については、父武智麻呂か、祖父不比等の位階を前提とした可能性がある。蔭位は、父あるいは祖父の位階に対応し、高い方が選択できた。さらに、嫡子（家督を継承する嫡妻の長男）と庶子（それ以外）では位階に高下があり、当然ながら嫡子の豊成と、同母ではあっても次男以下の庶子たる仲麻呂では異なった。

七三一年段階で父武智麻呂の位階は正三位、祖父不比等は贈正一位であった。蔭位を規定した選叙（選任）令五位以上子条の規定によれば、父からの蔭位は三位の庶子では従六位下、祖父からの蔭位は一位の庶孫では正六位下とある。しかし、死後の贈位の場合は一等を下して従六位上となる。当然、父武智麻呂（蔭位は従六位下）と比較して祖父不比等（蔭位は従六位上）による蔭位の方が高いので、贈正一位不比等の庶孫として仲麻呂は従六位上が蔭位となる。

七三一年に内舎人勤務に対する叙位がなされたとすれば、従六位上の蔭位に加えて、内舎人勤務による位階をプラスしたものが与えられたと想定される。七三四年一月一七日には正六位下であったから、その差は一階であり内舎人勤務の叙位が一階であったとすれば位階としての辻褄《つじつま》は合う。

嫡子の兄との大きな差

七三一年の叙位以後は、「武智麻呂伝」によれば大学寮少允として勤務していたことになる。その推測を裏付けるように、仲麻呂が大学寮少允に任官した直後のこの年の三月には、彼の意向によると思われる政策が採用されている。

　いまより以後は、算術を修めて官人に登用されながら、『周髀』（天文計算の書）を理解していない者は、式部省に留め置き出身させない。（天平三年三月条）

後年の陰陽・暦算を重視した政策を採用した仲麻呂が、一般数学だけでなく天文計算を重視するテキストの理解を算生に求めたことはありうる（木本好信説）。

大学寮少允の官位相当は従七位上である。蔭位よりかなり低いが、学問好きの素養や大学寮に関係が深かった父の官歴からすれば、官人見習いの内舎人から異動した、初任官としてのポストとしてはふさわしかったと考えられる。父は家を継承する嫡子でないことも考慮し、早急な立身出世よりもまずは学問好きにふさわしいポストを用意したのではないか。

仲麻呂のこうした官歴は、兄豊成の位階や官歴とは、きわめて好対照であった。藤原豊成の生年は先述したように七〇四（慶雲元）年と推定されるが、すでに一〇代であった七二二年には内舎人として兵部大丞《ひょうぶだいじょう》を兼ね（天平神護元年一一月甲申条没伝）、二年後には正六位下より従五位下に昇叙され（神亀元年二月条）、やがて兵部少輔《しょうゆう》に任じられている（同没伝）。兵部大丞の官位相当は正六位下、兵部少輔は従五位下である。位階にふさわしい官歴である。二一歳以前に内舎人のまま兵部大丞を兼官していた点は、通常コースの仲麻呂とは異なる。蔭位は、先述した贈正一位不比等の嫡孫として正六位下が相当する。最短四年の得第叙《とくだい》位を待たず、早くも二年後に五位への昇叙《しょうじょ》を果たしている。五位以上になるとさまざまな貴族としての特権が認められるようになる。

兄豊成が従五位下に達したのは、二一歳のときであり、制度上の二五歳よりも早い若年の特授であった。他の藤原氏一族の事例との比較でも飛び抜けて早い。これらの扱いには、藤原氏嫡系の嫡子として特別な計らいがあったことになる。

次男の仲麻呂は庶子であり、官歴や位階の昇進で、嫡子の兄とは異なる大きな格差が明らかに存在した。兄豊成が以後、兵部卿や中衛大将《ちゅうえのたいしょう》などの武官系統の昇進ルートを歩むのに対して、仲麻呂が民部《みんぶ》卿・式部卿・左京大夫《さきょうのだいぶ》などの文官ルートを歩むのも、対照的である。

五位到達年齢で実年齢以上の差別化が実兄との間になされたことが、仲麻呂にとっては心のシコリとなり、自分こそ藤原氏嫡流の継承者としての自負を増幅させ、後年、兄豊成をライバル視して排除に動くことになる。

3　藤原氏の役割——官僚としての台頭

さて、仲麻呂を語る場合、避けて通れないのは藤原氏と王権のかかわりである。仲麻呂の話とは少し離れるが、王権はどのような役割を藤原氏に期待したのかという観点で、奈良時代前半の政治的流れを俯瞰《ふかん》しておきたい。

王権側は一貫して新興貴族たる藤原氏を王権の忠実な官僚かつ外戚《がいせき》として処遇した。藤原氏はその期待に応え、律令に習熟し、かつその実現に努力する律令制整備の推進者として行動した。

第一の画期は、七世紀中葉に中臣鎌足と天智天皇（中大兄《なかのおおえ》皇子）による藤原氏と王権との関係に始まる。だが、その内実は必ずしもはっきりしない。通説のような鎌足と天智天皇との「大化改新」前夜からの密接な関係は、なによりも仲麻呂が編纂した『藤氏家伝』に収められた「鎌足伝」により多く脚色されている。これは藤原氏が功臣として「大化改新」に大きな役割を果たしたことを強調することが目的である。

しかし、当初は晩年に失脚した孝徳天皇（在位六四五〜六五四）との関係がむしろ強く、中大兄皇子との関係が強まったのは、おそらくは改新後のことと考えられる。その詳細については第4章で述べる。

藤原氏と王権にとっての第二の画期は、七世紀後半の鎌足の子不比等と持統《じとう》天皇（在位六九〇〜六九七）との関係に始まる。藤原氏は鎌足没後、壬申の乱の影響で天武期にはその活動を知ることができない。これは、父中臣鎌足が大海人《おおあま》皇子（のちの天武天皇）に敵対した近江方に近かったこと、さらに同族である中臣金《なかとみのかね》らが近江方として処罰されたため、天武天皇治世の初期には中臣（藤原）氏が政権の中枢から排除されていたことによる。

幼少の藤原不比等は壬申の乱の後、田辺史大隅《たなべのふひとおおすみ》の家で養育されていた（『尊卑分脈』所引「藤氏大祖伝」）。こうした近江方寄りの立場による逼塞《ひっそく》は、間接的に「避くる所の事」と表現されている。大隅が養父であったことにより、その姓たる「史」にちなみ不比等の名前がつけられたらしい。ようやく六八九年、藤原不比等は判事（裁判官）へ抜擢され、それ以後に彼の出世はめざましいものとなる。天智天皇の娘であり、天武天皇の妻である持統天皇により、法律に明るい若手官僚として藤原不比等は、抜擢されたらしい。

当時はまだ藤原朝臣姓は中臣氏一族（鎌足の父御食子《みけこ》の兄弟国子《くにこ》・糠手子《ぬかでこ》の系統）の意美麻呂《おみまろ》や大嶋《おおしま》も用いており、ようやく六九八年八月に藤原不比等の子孫に限定されることになった。

藤原朝臣〔鎌足〕に賜った姓は、その子不比等に継承させる。ただし、意美麻呂は、氏族本来の神祇《しんぎ》を掌《つかさど》っているから、藤原朝臣から旧姓の中臣にもどすべきである。

（文武二年八月丙午条）

実際の中臣（祭祀）と藤原（政治）の「政教分離」がようやくなされたのは持統天皇の孫

たる文武《もんむ》天皇（在位六九七〜七〇七）以降であり、これ以降王権の支持により政治権力を拡大していくことになる。

その後、藤原不比等は草壁《くさかべ》皇子の擁立や大宝律令編纂の功績などにより抜擢され、持統天皇の妹にあたる元明《げんめい》天皇（在位七〇七〜七一五）に仕えていた橘《たちばなの》三千代《みちよ》を妻とすることで、皇室との関係を深め、文武天皇の即位直後には娘の藤原宮子《みやこ》が天皇の夫人となった。

文武天皇と宮子の間には首《おびと》皇子（聖武天皇）が生まれ、さらに橘三千代との間の娘である光明子《こうみょうし》を聖武天皇に嫁がせたが、光明子は不比等の死後、不比等の息子の藤原四兄弟によって光明皇后となり皇族外から出た初の皇后となった。その後、養老律令の編纂に着手するが施行目前の七二〇年に病死した。

「藤原氏陰謀史観」の限界

さて、奈良時代の政治過程は、しばしば「藤原氏の陰謀史観」により説明される。それは、藤原氏を主語として鎌足、不比等、そして藤原四子など、時々における藤原氏の中心的人物が、陰謀をめぐらせて大伴《おおとも》氏・佐伯《さえき》氏などの旧氏族、あるいは長屋王《ながやおう》、橘《たちばなの》奈良麻呂《ならまろ》といった皇族らを次々に失脚させ、藤原氏が政治的な権力を確立したという見方である。政治的対立の中身が、藤原氏派と反藤原氏派という政争派閥の次元での説明でしかない。従来の概説書や教科書もその流れで説明してきた。

だが、それは一一世紀、藤原北家が摂政関白職を独占し、藤原道長《みちなが》が有名な「此の世をば我が世とぞ思ふ望月のかけたる事も無しと思へば」（『小右記《しょうゆうき》』）という歌を詠むまで、どういうプロセスで権力を獲得してきたかという、その一点にゴールを定めて政治史をさかのぼるものである。つまり、中臣鎌足の「大化改新」への関与を起点とするきわめて予定調和的な解釈である。だが、そのような単純な「藤原氏の陰謀史観」で歴史を見ていいのだろうか。

奈良時代に重要なのは、壬申の乱により発生した大きな課題、「壬申年功臣」たちの処遇であった。壬申の乱に大きな役割を果たしたのは、東国の在地豪族層や天武の皇子たちであった。この二つの勢力を尊重することが、天武天皇以降の政策基調となった。

一方で、官僚制の成熟と天皇権力の強化という、政策的な課題に対しては、やがてそれ自体が大きな桎梏《しっこく》として作用することとなった。

すなわち、壬申の乱の功績により、大きな経済的な特権を享受しながら、積極的な官僚化を望まない天武皇親（天武天皇系皇族）たち。同じく壬申の乱への協力により外五位という准貴族待遇を得るが、やはり急激な律令化を望まず、旧来の特権的な在地権力を温存し、かつ軍事的にも不安定要因となっていた東国豪族らの存在、これら両勢力への過剰な配慮により、奈良時代前半の王権は維持された。これはまさに「壬申の乱体制」と称すべきものである。たとえるならば、近世初期の江戸幕府の正統性が、関ヶ原《せきがはら》の合戦の勝利にあり、これ以後、外様《とざま》と譜代《ふだい》に諸大名が二分されたのと同様な構図である。

この「壬申の乱体制」に対して、天武皇親の権威を相対化することで、天皇権力の確立を志向する聖武天皇と、壬申の乱に距離を置き、律令に習熟した官僚として台頭してきた藤原氏は、この体制を変更する以外に、権力を確立することは不可能であった。ポスト「壬申の乱体制」を構築することが、王権と藤原氏にとっての共同利害であったのだ。

従来の「藤原氏の陰謀史観」では、七四〇年に九州で反乱を起こした式家の藤原広嗣《ひろつぐ》とともに、仲麻呂は例外的な「逆臣」という挫折《ざせつ》した事例として取り上げられてきた。

しかし、奈良時代を七世紀後半に発生した古代史上最大の対外戦争である白村江《はくそんこう》の戦い（六六三年）と最大の内乱である壬申の乱（六七二年）の影響下にある「戦後史」と位置づけると別の姿が現れる。まさに仲麻呂政権期は「壬申年功臣」の処遇変更および対新羅《しらぎ》戦争の準備という点で、内乱と対外戦争という課題に真正面から対処しようとした重要な時期なのである。

仲麻呂が生きた三つの時代

さて、少し前史が長くなったが、まず読者の理解のために、青年期以降の仲麻呂の生涯について大まかな時期区分をしておこう。天皇代替わりと改元に連動して大きく三期ほどに区分する。

第一期　聖武天皇が在位した天平年間　（七二九〜七四九）
第二期　孝謙天皇が在位した天平勝宝年間　（七四九〜七五七）
第三期　淳仁《じゅんにん》天皇が在位した天平宝字年間　（七五七〜七六五）

仲麻呂の活動が具体的に知られるのは第一期後半の七三七年以降、乱で敗死する第三期末の七六四年までの期間である。

第一期には、急激な昇進により大納言正三位まで到達する。

第二期は叔母光明皇太后の家政機関を拡充した紫微中台《しびちゅうだい》の長官紫微令に就任することで権力を行使する時期である。

第三期はライバル橘奈良麻呂の変を鎮圧したのち、太政官の最高位大師（太政大臣）に到達し、独自の政策を行う時期である。

なお、この時期の年号は、主に天平とさらに二字を加えた四字である。これは前後の歴史に例をみない稀な事例であり、通説では光明皇后が唐の則天武后の例に倣ったものとされる。則天武后が「天冊万歳《てんさくばんざい》」「万歳登封《ばんざいとうほう》」などの四文字の元号を用いており、その影響で仲麻呂が勧め、日本の元号にも四字のものが採用されたのではないかとされる。

では、これから、壬申の乱と白村江の戦いの「戦後史」として、藤原仲麻呂の諸政策について積極的に評価し、論じていきたい。

第1章　藤原四兄弟の死——天然痘流行と政治危機

1　従弟藤原広嗣の乱——成り上がり者への敵意

五位への到達と父の死

七二四年、伯母の元正天皇からの譲位を受けて、文武天皇の嫡男首皇子が聖武天皇として即位した。

この時期の太政官の首班は、左大臣長屋王《ながやおう》であったが、形式的上位には太政官を総覧する知太政官事《ちだじょうかんじ》として舎人親王がいた。さらに長屋王のもとには、大納言に多治比池守《たじひのいけもり》、中納言に大伴旅人《おおとものたびと》・藤原武智麻呂の二人、参議として阿倍広庭《ひろにわ》・藤原房前という構成であった。大臣は太政大臣・左大臣・右大臣、納言は大納言と中納言、そして参議という序列である（1－1）。

その後、親衛軍として中衛府が設置され、藤原房前がその長官（大将）となる。この役所は聖武天皇を守衛する藤原氏の私的武力として運用され、以後も藤原豊成や藤原仲麻呂が独占し続ける。仲麻呂の権勢下でも重要な役割を果たすことになる役所である。

　七二九年、長屋王が藤原武智麻呂や藤原房前の策謀による、いわゆる長屋王の変で葬られると、藤原不比等の娘光明子を皇后に立てることに成功する。二年後には、三男宇合と四男麻呂が参議に登用され、藤原四子による政治主導が開始された。七三四年には、武智麻呂が大納言から右大臣に昇格する。

　仲麻呂が、正六位下から従五位下に昇叙したのはこのときである。

1－1　議政官の変遷①

長屋王政権（724年）	
知太政官事	舎人親王
左大臣	長屋王
大納言	多治比池守
中納言	大伴旅人
	藤原武智麻呂（南家）
参　議	阿倍広庭
	藤原房前（北家）

学問に没頭していた仲麻呂の人生が大きく変化するのは、七三七年の天然痘《てんねんとう》の流行により、父武智麻呂が七月に没したことから始まる。仲麻呂が三二歳のときであった。

　この年は、四月一七日に、次男房前が死去した。この頃九州の大宰府《だざいふ》の管轄下にある筑紫《つくし》など西海道《さいかいどう》諸国では瘡《そう》（かさぶた）のできる疫病《えきびょう》が流行し、人民が多く死んだと報告されている。

　七月一三日には四男の麻呂が死去する。二三日には病臥《びょうが》する右大臣（武智麻呂）のために天皇が特別に大赦を命じ、二五日には武智麻呂の邸宅に使者を派遣して正一位の位階を与え、左大臣に任命している。しかし、その日のうちに武智麻呂は亡くなった。残る三男宇合も八月五日に死去した。藤原氏にとっては四子全員が亡くなるという悪夢のような年であった。『続日本紀』には、この年の記載の末尾に、異例な記事がある。

春以来、瘡のある疫病が筑紫から流行し、夏から秋にかけて全国に伝染した。公卿《くぎょう》から一般庶民に至るまで死亡する者は数え切れなかった。このようなことは前代未聞であった。（天平九年是年春条）

一般民衆の死亡率も高かったようで、強制貸し付けである出挙《すいこ》により種籾《たねもみ》を借りたまま返済できずに死亡した人の割合は、三割から五割となっており（「駿河国正税帳《するがのくにしょうぜいちょう》」など）、人口の三割以上が失われた可能性がある。

この天然痘の流行により、当時の議政官の多くも没するという政治危機が訪れた。残る議政官はわずか三名で、八省の長官では大蔵省《おおくらしょう》の長官鈴鹿《すずか》王のみとなり、五位以上の約三割が没したと推定されている（中川収説）。

長屋王の変直後の七三一年における太政官の構成は、武智麻呂を中心とする藤原四子の体制となっていた。具体的には1－2の通りである。

父武智麻呂の死後、橘諸兄《もろえ》を首班とする政権が樹立された。橘諸兄は敏達《びだつ》天皇の子難波《なにわ》皇

1―2　議政官の変遷②

藤原四子体制の成立（731年）	
知太政官事	舎人親王
大納言	藤原武智麻呂（南家）
中納言	阿倍広庭
参　議	藤原房前（北家）
	藤原宇合（式家）
	多治比県守
	藤原麻呂（京家）
	鈴鹿王
	葛城王（橘諸兄）
	大伴道足

1―3　議政官の変遷③

橘諸兄政権の成立（737年）	
知太政官事	鈴鹿王
大納言	橘諸兄
中納言	多治比広成
参議	大伴道足

子の四世孫と伝え、七三六年に橘姓を賜り、臣籍に降下しているので、皇族に准《じゅん》ずる血筋である。また橘諸兄は藤原不比等の後妻だった橘三千代の子でもあった。橘諸兄を中心とする政権は、七三七年九月に知太政官事に鈴鹿王、大納言に橘諸兄、中納言に多治比広成《ひろなり》、参議大伴道足《みちたり》というさびしい構成でスタートした（1―3）。

生き残った者は、鈴鹿王・葛城《かつらぎ》王（橘諸兄）・大伴道足の三名のみである。直後に藤原豊成が参議として加わるが、この体制は七三九年四月に四名の参議が補充されるまで続く。連動してこの時期から仏教政策など、聖武天皇の意向が政策面に強く前面に出るようになる。

異例の昇進のプロセス

仲麻呂にとって、父を亡くしたことは大きな政治的な後ろ盾を喪失したという意味ではマイナスであった。しかしながら、有能な官僚層を急速に補充しなければならなかったという意味で、昇進の大きなチャンスでもあった。

この時期における仲麻呂の位階昇進を時系列で示すと上表のようになる（1－4）。五年間の停滞を経た後は、ほとんど毎年のように位階が上がっていることがわかる。七四〇年以降、一〇年で九ランクの上昇は異常である。兄豊成が、参議就任まで一三年（仲麻呂は九年）、従三位到達に一九年（同一二年）を要していることと比較すれば、その早さが理解される。

1－4　藤原仲麻呂の昇進

年月日	位階	年数	年齢
731年（天平３）　？	正六位下		26
734年（天平６）　１月17日	従五位下		29
739年（天平11）　１月13日	従五位上	５年	34
740年（天平12）　１月13日	正五位下	１年	35
11月21日	正五位上	１年	
741年（天平13）　閏３月５日	従四位下	１年	36
743年（天平15）　５月５日	従四位上	２年	38
745年（天平17）　１月７日	正四位上	２年	40
746年（天平18）　４月22日	従三位	１年	41
748年（天平20）　３月22日	正三位	２年	43
750年（天平勝宝２）　１月16日	従二位	２年	45

仲麻呂は七三九年に、五年ぶりに一階上がって従五位上に昇叙された。このときの叙位については、後宮関係者の叙位者が過半数を占めることから、光明皇后の意向が反映しているとされる（林陸朗説）。仲麻呂の叙位を光明皇后に働きかけたのは妻の袁比良《おひら》（父は北家房前）であったともされる（角田文衞説）。

仲麻呂の妻袁比良は夫が七三四年に従五位下を得て以降は、外命婦《げみょうぶ》（夫の位階が五位以上の妻）として遇されるようになり、後宮で活躍の機会を得たのではないか。彼女の極官は尚蔵《しょうぞう》兼尚侍《しょうじ》（天皇御用の雑物管理および天皇の命令伝達を承る部署の長官）であったことからすれば（天平宝字六年六月庚午条没伝）、機密を扱う内侍司《ないしのつかさ》の女官として出仕した可能性がある。有力貴族の妻がこれらの職を務めるのが一般的であった。

一方、七三九年八月には太政官の処分として「式部省に出仕して任官を待っている蔭子孫《おんしそん》や位子《いし》は、年齢を問わず、すべて大学寮に入学させて、ひたすら学問に専念させよ」という注目される命令が出された（天平一一年八月丙子条）。

すなわち、蔭子・蔭孫・位子ら、五位以上貴族の子孫および六位から八位官人の子らに対して、年齢の高下を問わず大学寮で学習を強制するものである。天然痘の流行により減少した官人層の質的補充策として、貴族子弟らに学問を強制したものと評価される。

こうした任官状況の変化により、仲麻呂が得意とした「算術」を中心とした実務能力は一躍注目されるようになったことが想定される。以後昇進ペースが早まるのは、単に光明皇后による推挙だけでなく、彼の学問が評価される環境に転換したことも有利に働いたのではないだろうか（中川収説）。

式家嫡男・藤原広嗣

仲麻呂の異例な昇進は、聖武天皇の伊勢《いせ》行幸で、前騎兵大将軍《さきのきへいだいしょうぐん》（天皇を護衛する前方騎兵部隊の指揮官）に任命されたことがきっかけで始まる。これは、従弟《いとこ》にあたる式家藤原広嗣《ひろつぐ》の九州での反乱に対応して行われたものである。

藤原広嗣の生年は不明だが、六九四年生まれの父宇合との関係からすれば、七四〇年の反乱当時、まだ二五歳前後と想定され、仲麻呂が一〇歳ほど年上であったことになる。藤原広嗣は軍事・外交面では、新羅征討を構想した仲麻呂と同じく、強硬的な政策志向を持っていた。以下、藤原広嗣の動向を仲麻呂との比較の意味で述べておきたい。

藤原氏は四子を天然痘で相次いで亡くしたことにより、藤原氏の議政官（国政を担う高官）が不在の状況になる。聖武皇后の光明子は健在であったが、藤原四家の第二世代による早急な昇進が期待された。

嫡系の南家では豊成が藤原氏の氏上《うじのかみ》（宗家として氏を率いる者）となり、七三七年九月に従四位下に叙せられ、一二月には参議兼兵部卿《ひょうぶきょう》となり、藤原氏唯一の議政官となる。参議相当の従四位下までの短期での昇進は光明皇后の意向であろう。七年間に五階の昇叙が行われているのは、嫡流の南家嫡子を藤原氏の代表として盛り立てる必要があり、次男仲麻呂との差は明らかに大きくなった。

それに続くのが、若い世代の式家宇合の嫡男広嗣、北家房前の次男永手《ながて》（長男は夭折《ようせつ》）らであった。橘諸兄を中心とする政権を編成した七三七年九月の人事では、藤原豊成の叙位とともに広嗣・永手らが従六位上から三階昇叙されて従五位下が与えられている。仲麻呂はすでに、七三四年に従五位下が与えられているが、このときには叙位に与っていない。それどころか南家三男の乙麻呂《おとまろ》にも従五位下が与えられており、南家のなかでも次男でありながら、三男とも同格となり、まだそれほど活躍が期待されない存在であった。

これに対して式家の藤原広嗣は、このときの叙位で従六位上から三階昇進して従五位下に叙爵、式部少輔（文官人事を担当する役所の次官）を経て、翌年には大養徳《やまと》（大和）守を兼任する。同時に叙位された永手が、この後しばらく昇進が停滞することを考慮すれば、藤原氏では議政官の豊成に次ぐ二番手として周囲に期待があったことになる。

しかしながら、この時期の橘諸兄政権下で重用されたのは、ともに中国から最新の学問を学んで帰ってきたばかりの玄昉《げんぼう》と吉備真備《きびのまきび》の二人であった。彼らは阿倍仲麻呂《なかまろ》らとともに、七一六年から七三五年まで遣唐使の一員として一八年間大陸で学んでいた。吉備真備は地方豪族で備中《びっちゅう》国を本拠とする下道《しもつみち》氏出身、玄昉は物部《もののべ》氏系の中小豪族阿刀《あと》氏出身で、いずれもたいした家柄ではなかった。

だが、彼らは唐からの帰国の際に多くの経典や文物を持ち帰り、高い学識を披露したことにより聖武天皇の信任を得ていた。玄昉は聖武天皇生母、藤原宮子の病を祈禱《きとう》で平癒させたことで知られ（天平九年一二月丙寅条）、吉備真備は儒教の経典や史書のほか、天文学・音楽・兵学などを幅広く学び、帰朝時には天文暦書、日時計、楽器、音楽書、武器などを献上している（天平七年四月辛亥条）。吉備真備は唐から帰ってきたときには従八位下という下級役人でしかなかったが、一挙に一〇階昇進して正六位下に、七三六年に外従五位下、翌年には従五位上と、急速に台頭する。

藤原広嗣の左遷——大宰府へ

橘諸兄政権最大の課題は、総人口の三割ほどが死亡した疫病被害からの復興であった。その具体的な対策として、軍事に振り向ける人的・物的資源の削減により、民政の安定と国家財政の再建を目指した。

藤原四子らがまだ健在であった七三二年には対新羅関係の悪化および渤海《ぼっかい》・唐の衝突を背景にした節度使《せつどし》（軍政と防衛の強化のため地方に派遣された臨時の使者）の設置があり、遣新羅使の帰国直後から、軍団兵士・兵器・船舶の整備などがなされている。七三五年には、新羅が国名を日本への断りなしに「王城国《おうじょうこく》」へ変更したことを理由に新羅使を追放している。

藤原四子時代の新羅に対する強硬的な政策に対して、民政や財政の安定を課題とした橘諸兄政権は、こうした政策を一時的に放棄せざるをえなかった。

藤原広嗣は、親族への誹謗《ひぼう》を直接の理由にして、七三八年一二月に九州の大宰府に左遷された。おそらくは、橘諸兄政権になり軍事・外交政策に関して朝廷内では軍拡に消極的な勢力が台頭したことを背景にしただろう。藤原氏によって引き起こされた長屋王事件が冤罪《えんざい》と評価され密告が誣告《ぶこく》（偽りの証言）とされたのもこの頃で、藤原四子の没後における反藤原氏勢力の台頭を象徴的に示すものである（天平一〇年七月丙子条）。

藤原広嗣の不満の矛先は、明らかに成り上り者の玄昉と吉備真備に向いていた。七四〇年八月に藤原広嗣は以下のような上表文を都に送った。

時の政治の得失を指摘し、天地の災異の原因になっていると陳《の》べ、災異が起こる原因である僧正《そうじょう》の玄昉と右衛士督《うえじのかみ》従五位上の下道朝臣真備を追放すべきことを言上した。

（天平一二年八月癸未条）

飢饉《ききん》や疫病のような天災は、政治が悪いから起こるのであり、それは玄昉・真備のような者を重く用いているからだとするのが広嗣の言い分である。

当時の大宰府では少弐《しょうに》というナンバー3だが、実質的な大宰府の責任者であり、九州防衛の中心兵力であった東国防人《さきもり》の停止など、消極的な軍事政策を非難したのであろうか。

決　起――藤原広嗣の乱

九月、広嗣は西海道《さいかいどう》の兵を動かし反乱を起こした。藤原広嗣の乱である。諸国の軍団兵士の廃止という機会を逆手にとって、兵士の動員に手間取ることを想定に入れた決起であった。広嗣は西海道全域から一万人の兵を動員する。諸国の軍団兵士は廃止されたが、西海道の軍団兵士は防衛上の理由で廃止されていなかったことが好都合であった。

朝廷は挙兵に対して機敏に対応し、蝦夷征討に功があった参議大野東人《おおののあずまひと》を大将軍、紀飯麻呂《きのいいまろ》を副将軍として東海・東山・山陰・山陽・南海の五道から一万七〇〇〇人を動員した。これは、もはや政争にとどまるものではなく、壬申の乱以来の大規模な内乱であった。

両軍が対峙《たいじ》するなか、勅使の呼びかけに対して藤原広嗣は頭を二度下げて恭順《きょうじゅん》の意を示し「広嗣は、朝廷の命令を拒むつもりはない。ただ、朝廷を乱す人物二人を退けることを請うだけだ」と述べた。

しかし、朝廷は彼らを反乱軍と認定した。広嗣は、なぜ兵士を徴発したのかという勅使からの問いに答えることができず、退いた。敗走した広嗣は値嘉島《ちかのしま》（五島列島）で捕らえられ、斬刑《ざんけい》された。

この間、広嗣は耽羅島《たんら》（済州島《チェジュ》）まで到着するも強風のため上陸できず吹き戻された。そのとき、広嗣は駅鈴（駅で馬を徴発する公使のしるし）をかかげて「自分は大忠臣である。それなのになぜ神霊は吾を見捨てようとするのか、どうか神霊により風波をしずめてください」と叫び、駅鈴を海に投げ入れたが風波はますます強くなったという。

藤原広嗣の乱の原因として、私怨《しえん》による決起と理解されることも多いが、それにとどまらない広がりが背景に存在した。

乱後の処罰者リストをみると、広嗣に同調していた不満分子の広がりは狭いものではなかった。関係者の総数は処罰された者が合計二八七人に及び、予防拘束されていた者がさらに三四人あり、少なくない人々が関係者と見なされた。広嗣の主張は、大宰府だけなく、平城京内部でも一定の理解者がいたことになる。また聖武天皇が藤原広嗣の乱により、平城京を離れたのは、広嗣の同調者が京内にも存在し、同時に挙兵する可能性を恐れたのではないか。仲麻呂と広嗣は、この段階では異なる立場に置かれるが、後述するように政治外交上の志向性は近かった。仲麻呂は、直接の武力に訴えて失敗した広嗣に学び、この後は合法的手段により政策を実現していくことになる。

2　聖武天皇「彷徨五年」——抜擢、信頼の獲得

聖武天皇の行幸

藤原広嗣の乱は、政権批判を行うことで、藤原氏の再興を図るものであったが、直接の武力に訴えたことで逆賊とされた。同族が反乱を起こしているにもかかわらず、七四〇年一〇月に聖武天皇の身近を護衛する親衛隊の長官に仲麻呂が抜擢されたことは、仲麻呂に対する聖武天皇の信頼が厚かったことを物語る。

おそらく、若き日に内舎人《うどねり》として即位直後の聖武天皇に近侍したことが、そのつながりの原点にあると考えられる。叔母の光明皇后による推挙があったことも当然想定される。

聖武天皇は、藤原広嗣の乱が発生してから一ヵ月後の一〇月末に、広嗣征討の大将軍大野

聖武天皇の行幸（740年）

出典：瀧浪貞子『光明皇后』（中公新書，2017年）を基に筆者作成

東人に対して、奇怪な勅を発し、三日後に伊勢国へ向けて行幸《ぎょうこう》に出発している。以後、五年間にわたり聖武天皇は平城京には戻らなかった。いわゆる「彷徨《ほうこう》五年」である。

突然の行幸理由は、先述したように藤原広嗣の支持者たちの平城京での決起が懸念されたことによる避難、東国には軍団兵士制の停廃により防人などから帰還した動員可能な兵士が多数存在していることが不安定要因となり、鎮撫する必要があったこと、橘諸兄や聖武天皇に対する非難に動揺したこと、などが考えられる。

準備は、直前に伊勢国を対象にあらかじめ行宮《あんぐう》を造営する役所たる「造伊勢国行宮司」を任命したことにより開始された。行幸の編成は、行列配置を監察する次第司《しだいし》として御前長官に塩焼王《しおやき》、御後長官《みあと》に石川王《いしかわ》が任じられた。警備には前騎兵大将軍に仲麻呂、後騎兵大将軍に紀麻呂《きのまろ》が任命されている。

仲麻呂が務めた前騎兵大将軍は、騎兵司《きへいし》という行幸にともない臨時に編成された官司で、諸国から徴発された行幸騎兵（騎舎人）を統括するものであった。

行幸騎兵を恒常的に編成した中衛府や授刀衛《じゅとうえい》が、のちに仲麻呂の武力的な基盤になっていくのは偶然ではない。仲麻呂が任命された前騎兵大将軍はのちに授刀衛に発展する。

ちなみに、このときの行幸では藤原豊成は中衛大将として平城京の留守官となっており、兄弟が同じく行幸騎兵をルーツとする中衛府や授刀衛（近衛府）という二つの部隊の長官に任命されていることは注目される。藤原広嗣の乱での軍事的緊張状態が、行幸騎兵を恒常編成した中衛府に加えて、新たな行幸騎兵部隊を必要としたことになる。

行幸は一〇月二九日から一二月一五日までの長期に行われた。

伊勢国を冠したその官司名からすれば造伊勢国行宮司が新たに造営整備の対象としたのは、伊勢国の河口頓宮《かわぐちのとんぐう》（関宮《せきのみや》）・赤坂《あかさか》頓宮の二ヵ所となる。実際、この二ヵ所の伊勢国の頓宮では一〇日前後の比較的長期の滞在が確認されている。とりあえずの目的は、伊勢国であったことになる。

聖武天皇が河口頓宮に至ったとき、大野東人から広嗣捕獲の知らせが届いている。河口頓宮に滞在中には広嗣処刑の第二報も到着している。そして、次の目的地赤坂頓宮での長期逗《とう》留《りゅう》の最後に、頓宮造営関係者や従駕《じゅうが》者への叙位が広範に行われている。仲麻呂は紀麻呂とともに正五位上が与えられており、騎兵大将軍としての功績が認められたことになる。

仲麻呂は、同年の一月に従五位上から正五位下へと五年ぶりの昇叙を受けたばかりで、さらに一年のうちで二回の昇進は特筆される。王族を除けば二番目の高位者であり、一躍注目される存在となった。親衛隊の長官に抜擢され、その信任に仲麻呂が応えた結果である。以後は異例の昇進を続けることになる。

その後、聖武天皇は伊勢国を北上して畿内と畿外を分かつ不破《ふわ》関に至ると仲麻呂らが率いた騎兵司を解散し警戒を解いた。ここで仲麻呂も騎兵大将軍の任を解かれたことになる。

聖武天皇は畿内に戻り、近江国横川《よかわ》に至ると、橘諸兄のみ先発させ、山背《やましろ》国相楽《さがらか》郡恭仁《くに》郷へ向かわせ、遷都の準備をさせた。突然の遷都宣言である。一二月一五日に聖武天皇は恭仁宮に到達し、行幸は終了した。当地には橘諸兄の相楽別邸が存在していることから、遷都を発議したのは彼であったとされる。

国号を冠した「大養徳《やまと》恭仁大宮」の名前には、恭仁遷都に対する聖武天皇の強い意志が表れている（熊田亮介説）。

四位昇進

この頃から、仲麻呂は、後宮にいる妻の袁比良を介して光明皇后に藤原氏の代表として議政官進出を働きかけるようになり、光明皇后も凡庸な兄の豊成に代えて仲麻呂に藤原氏再興を託そうとしたらしい。前騎兵大将軍への推挙も光明皇后の意向によったのではないか。

七四一年閏三月には、征討大将軍であった大野東人が従三位になるなど、藤原広嗣の乱鎮圧の功績による叙位があった。このときの叙位で仲麻呂も正五位上から従四位下に昇進した。

仲麻呂は、東国行幸の騎兵司や次第司関係者では、唯一叙位に与っている。約半年前にも行幸関係者に叙位があったが、さらに連続しての叙位者は乱に際して伊勢神宮に派遣された大井王《おおい》以外にはいなかったので、特別な叙位であったことは明らかである。この行幸への奉仕をきっかけにして、聖武天皇の厚い信頼を得たことが想像される。

このときの叙位で、仲麻呂は従四位下に達したことにより、官位相当では国政に参画できる参議のポストを狙《ねら》える地位まで達した。兄の藤原豊成は、七三七年以来昇叙していないが、このとき正四位下で、まだ二階の差が存在した。しかし、北家や式家には四位に到達した者はおらず、藤原氏のなかでは嫡流の南家の優位が確立し、豊成に次ぐ二番手として注目されるようになる。

民部卿としての手腕

この時期の仲麻呂の官歴は、没伝に「次々と顕職を歴任した」とあるのみで（天平宝字八年九月壬午条）詳細は不明である。正五位クラスであれば、八省の大輔などが相当職であるが、数ヵ月後に民政を担当する民部省の長官民部卿に任じられるので、次官クラスの民部少輔（従五位下）あるいは同大輔（正五位下）の地位にあったことが推測される（岸俊男説）。

従四位下に昇叙された翌月には、河内《かわち》国と摂津《せっつ》国の間を流れる淀《よど》川堤防の境界争いが発生した。そこで仲麻呂は、民部卿の巨勢奈弖麻呂《こせのなでまろ》や民忌寸大楫《たみのいみきおおかじ》、陽侯真身《やこのまみ》らとともに調査のため派遣された。

民部省は山川藪沢《さんせんそうたく》や諸国田地のことを管掌するが、地図によりその形や境界を確認するのみで、維持管理には干渉せず、国郡の責任とされていた（職員令民部省条義解《ぎげ》）。しかし、問題が大きくなる前に仲麻呂は得意の算道により境界争いを解決させたらしい。

仲麻呂が習得していた算道教科書（『九章』）には、田地の広さや堤防の体積の計算、土地の測量術の実用計算も含まれていたので、境界争いの解決には適任であった。彼の算道知識が実際の政治の現場で発揮されたという意味では、以後の広範な学識に基づく柔軟な政策立案という方向性を予想させるようなエピソードともいえる。

七月に民部卿の巨勢奈弖麻呂が左大弁《さだいべん》（太政官と諸国・八省を結ぶ要職）兼神祇伯《じんぎはく》（祭祀《さいし》担当の長官）春宮大夫《とうぐうだいぶ》（皇太子家政機関の長官）に転任すると、仲麻呂は民部卿の後任になっている。巨勢奈弖麻呂は、淀川での仲麻呂の手際に感心したらしく、後任にふさわしい人物として仲麻呂を推薦したのではないか（中川収説）。

この後にも二人の信頼関係は続き、巨勢奈弖麻呂が恭仁京の造宮卿《ぞうぐうきょう》に任命されると、再びその下で仲麻呂は京内における宅地班給の実務を担当している。これは巨勢奈弖麻呂が仲麻呂の実務能力を高く評価していたからであろう。

仲麻呂は、光明皇后により与えられた抜擢の場を生かし、その実力によって期待に応えた。光明皇后は、藤原氏の将来を託すに足る人物として豊成から仲麻呂へその重心を移し始めたのではないか。

七四一年九月、仲麻呂は恭仁京で民部卿の立場から、木工頭智努王《もくのかみちぬ》、散位高丘河内《さんいたかおかのかわち》らとともに宅地班給や左右京の設定に従事した。木工頭智努王や高丘河内らは恭仁京造営の高級役人（造宮卿・造宮輔）を兼ねていることからすれば、造営の技術にも明るい人々であり、一方で民部卿の仲麻呂や主税頭《しゅぜいのかみ》が含まれているのは、諸国から集められる調庸物や労働力（仕丁《しちょう》）・技術者（匠丁《しょうてい》）などの造営事業に対する効率的な差配が期待されたと思われる。

大養徳（大和）・河内・摂津・山背の四ヵ国から役夫五五〇〇人を徴発しての恭仁宮の造営工事や、木津《きづ》川への架橋事業も、仲麻呂らの差配による。仲麻呂は財政の担当者として、恭仁京の造営に邁進《まいしん》していた。

恭仁京か紫香楽宮か、塩焼王の配流

ところが聖武天皇は七四二年になると、さらに山間奥地に道を開き紫香楽《しがらき》宮を造営し、しばしば行幸するようになる。巨勢奈弖麻呂と智努王という二人の造宮卿のうち、智努王には紫香楽宮造営兼務を命じている。

離宮造営の目的は、この時点では明らかにされていないが、翌年に盧舎那《るしゃな》大仏造営の詔が出されていることから、当地での大仏造営が目的であった。恭仁京造営と諸国国分寺造営が具体的に進行している状況では、当然ながら財政的な問題が大きな障害として想定された。この間、仲麻呂は平城京と恭仁京の留守官に任命されている。

当時の議政官の構成は、右大臣橘諸兄、知太政官事鈴鹿王、参議は大野東人・巨勢奈弖麻呂・藤原豊成・大伴牛養《うしかい》・県犬養石次《あがたいぬかいのいわすき》（一〇月死去）というさびしい人員で、橘諸兄政権発足以来、大きな変動はなかった。このうち、鈴鹿王・巨勢奈弖麻呂・大伴牛養が留守官となっているので、橘諸兄・大野東人・藤原豊成らが紫香楽に従駕したことになる。

翌七四三年四月と七月の紫香楽行幸では、反対に橘諸兄が恭仁京の留守官となり、仲麻呂

が紫香楽に従駕している。橘諸兄と仲麻呂の政治的対立が先鋭化する以後の展開を前提とするならば、紫香楽宮で大仏造営を進めたい聖武天皇との関係で二人の立場が入れ替わったとみることもできる。恭仁遷都を主導し、大仏造営には消極的な橘諸兄と、聖武天皇の意向を尊重して紫香楽宮での大仏造営に積極的な仲麻呂の立場の差が表面化したのではないか。

仲麻呂が留守となった前年一二月の行幸でも、正月一日に橘諸兄だけが先発して恭仁宮に帰還し、朝賀《ちょうが》が元日ではなく二日に延期されたのは異常な事態である。聖武天皇は、貴族層の反対を無視しても、元日を紫香楽宮で迎える既成事実を作りたかったようである。

こうした不穏な対立状況をうかがわせるエピソードとして、七四二年一〇月に塩焼王が四人（直後の具体的な配流記事には采女《うねめ》を含む五人の名前があり、こちらが正しいか）の女孺《にょじゅ》（後宮の女官）らとともに突然伊豆《いず》国などに配流されるという不可解な事件があった。

塩焼王は新田部《にいたべ》親王の子で、聖武天皇の娘不破《ふわ》内親王を妻としていた。聖武天皇の娘婿という立場で重用され、天皇の行幸にたびたび従駕し、行列を監督する役割に任命され、中務省の長官にも任じられていた。

位階も七四二年までには藤原豊成と同じ正四位下まで昇り、参議が目前のところに達していた。二世王ながら妻が聖武天皇の内親王という恵まれた家系に位置し、安積《あさか》親王以外で天武嫡系に男子がいない状況では、即位の可能性が高い存在でもあり、それだけに政争に巻き込まれやすくもあった。事実塩焼王は、のち仲麻呂の乱で、仲麻呂により「今帝《きんてい》」（新たな天皇）として擁立されることになる。

3　国政への参画——橘諸兄・奈良麻呂との対立

参議就任

七四三年五月、仲麻呂が従四位上に昇り、紀麻呂とともに議政官たる参議となった。さらに、翌月には首都恭仁京の民政を担当する左京大夫を兼ねた。このときの叙位任官は大規模であった。五位以上への叙位は五七名という広範囲を対象にしており、批判的な貴族層を懐柔する目的が顕著である。

仲麻呂も従四位上に昇り、七三九年以来の橘諸兄政権は、この頃に参議大伴道足・大野東人・県犬養石次を相次いで失い、右大臣橘諸兄、知太政官事鈴鹿王以外では、参議三名（巨勢奈弖麻呂・藤原豊成・大伴牛養）の五名体制となり、拡充する必要があった。今回の人事により、右大臣から左大臣に橘諸兄（従一位）を、参議から中納言に古参の巨勢奈弖麻呂（従三位）・藤原豊成（従三位）を昇格させ、さらに仲麻呂と紀麻呂の二人を参議として補充した。聖武天皇末期の以後五年間ほどは、この体制が続く（1－5）。

仲麻呂の参議就任は、兄豊成よりも四年も早いスピード出世となった。疫病による補充という追い風を考慮しても、藤原氏のなかでの仲麻呂の地位が高まったことは明らかである。

参議という議政官の一員になったことは、自己の理想とする政策を実現する点で大きな意味があった。

墾田永年私財法の立案

仲麻呂が参議になってまもなく、七四三年五月に有名な墾田永年《こんでんえいねん》私財法《しざいほう》が発布されている。開墾した田の私有を認める根本的な政策変更は、民部省が所管する事項である。この改革の主導者が誰であったか詳細は不明であるが、民部卿であった仲麻呂が関係していたと考えるのが自然である。

仲麻呂失脚後に、貴族・豪族や寺社による墾田開発が過熱してきたことを理由に、一時的に墾田私有が禁止されたことを重視すれば、この改革案の提案者として仲麻呂が想定されよう（岸俊男説）。

1-5　議政官の変遷④

聖武天皇末期の橘諸兄政権（743年）	
知太政官事	鈴鹿王
左大臣	橘諸兄
中納言	巨勢奈弖麻呂
参　議	藤原豊成（南家） 藤原仲麻呂（南家） 紀麻呂

七二三年に出された三世一身法《さんぜいっしんほう》によって、すでに墾田は孫までの三代の間に私財化が認められていたが、期間限定であったため、農民の墾田意欲を増大させるには至らなかった。開墾田も、収公の時期が迫ると放置され荒れ地に戻ることが想定された。そうした背景により、永年にわたり墾田を私財とすることが認められた。

実質的には農民の食料増産という名目よりも富豪や大寺院への利益誘導であった。しかし、開墾田は私有ではあるが、国家への納税義務がある輸租田《ゆそでん》とされたことが重要である。この法令の意図は、開墾田の私有を認めることにより耕作意欲を促し、それにより国家の税収を確保する方策であった。

当時の政治状況は、聖武天皇が構想した紫香楽宮での大仏造営という計画が議論されていた。しかしながら、恭仁京造営と諸国国分寺造営が具体的に進行している状況では、財源の目処《めど》が立たなければ実行不能の構想であり、聖武天皇も紫香楽宮での大仏造営に踏み出せない状況に陥っていた。

恭仁京遷都を主導しつつも大仏造営には消極的な橘諸兄と、聖武天皇の意向を尊重して紫香楽宮での大仏造営に積極的な仲麻呂の対立は、財源確保問題で膠着《こうちゃく》していたが、これを解決する起死回生の策がまさに墾田永年私財法の施行であった。

すなわち、墾田開発による増収により、聖武天皇が望んでいる紫香楽宮での大仏造営が可能だとの財政的見通しを、民部省を所管する仲麻呂は得意の計数を基に重臣たちに披露したのであろう。

この提案が受け入れられることにより、仲麻呂に対する聖武天皇の信頼は、いっそう高まった。七四三年四月に続き、七月の紫香楽行幸でも仲麻呂は、恭仁京の左京大夫を兼任していたが、前年のような恭仁京での留守居役ではなく、聖武天皇の側近として紫香楽宮へ従駕している。反対に左大臣となった橘諸兄は恭仁京の留守を任じられている。橘諸兄は大仏造営からは排除されている（北山茂夫説）。この留守役の交替は、聖武天皇からの信頼度をはかるうえでは象徴的な出来事といえる。

盧舎那仏造営の詔、難波京への遷都

今回の行幸は、七四三年七月から一一月に及ぶ長期なもので、とりわけ、紫香楽宮滞在中に盧舎那大仏造立の詔が発布されている点できわめて重要な行幸であった。

この詔には、有名な「天下《あめのした》の富を有《たも》つは朕なり。天下の勢《いきおい》を有つは朕なり」という王者の宣言とともに、徒《いたずら》に人々を苦労させることは、この事業の神聖な意義を感じることができないと述べ、知識（宗教的ボランティア）による造営を認めてもいる。盧舎那大仏を造る寺地を開き、民間布教や社会事業を進めていた行基《ぎょうき》たちの集団の参加も許している。かつて行基たちは禁圧的な仏教政策により弾圧を受けていた。だが、知識集団を率いて大仏造営に協力することにより、その存在が公認された。

紫香楽での大仏造営に傾注するため、平城京の大極殿を移建してから四年たち、恭仁宮の造営を停止した。聖武天皇の意向を尊重し、紫香楽宮での大仏造営を積極的に進める仲麻呂の立場は、橘諸兄が推進した恭仁京造営が中止されたことでより強化されることとなった。橘諸兄が推進した恭仁京造営に対して、聖武天皇は明らかに意欲が薄れつつあった。

ところが七四四年の閏正月には、百官を朝堂に集め、恭仁と難波《なにわ》のうち、いずれを都に定めるのがよいかの諮問を行った。多くの官人から意見を徴収するのはきわめて異例のことである。選択肢に紫香楽宮が入っていないのは、明らかに紫香楽遷都に反対する橘諸兄らによる巻き返しがあったことを示している。

諮問の結果、意見は明確にはまとまらず恭仁京を支持する者は一八一人、難波を支持する者は一五三人で、恭仁京の支持がわずかに多かった。さらに巨勢奈弖麻呂と左京大夫を兼ねた仲麻呂が恭仁京の東西市（市は京職が所管する）に派遣され、市人らの意見聞いたところ、皆が恭仁京を都とすることを願ったとある。木津川という水運に恵まれ東西の物資が集めやすい恭仁京を支持する商人らが多かったのは当然である。

ところが、恭仁京の支持が多かったにもかかわらず、これを無視するかのように聖武天皇は難波に行幸を開始する。どちらが天皇の歓心を買い主導するかという、シーソーゲームのような権力闘争が留守と陪従《べいじゅう》という関係で展開されている。

聖武天皇が構想する紫香楽での大仏造営と、臣下たちが願う恭仁京の造営継続という膠着状況に、聖武天皇は嫌気がさし、しばらく難波へ行幸することで冷却期間を置こうとしたのであろう。しかし、橘諸兄は仲麻呂との対抗上、この路線をより進め難波遷都を図る（中川収説）。権力行使に必要な駅鈴や内外印、さらには恭仁京に保管してあった高御座《たかみくら》・大楯《おおたて》・武器までもこのときに難波へ移動させた。

安積親王の急死

この聖武天皇による難波行幸時に大きな事件が発生した。県犬養広刀自《あがたいぬかいのひろとじ》を母とする聖武天皇の唯一の男子であった安積《あさか》親王が、難波へ供奉《ぐぶ》する途中に「脚病」（脚気《かっけ》）により急死したのである。桜井頓宮《さくらいのとんぐう》（現東大阪市付近）から恭仁宮に戻り、二日後に死去している。

従来、この事件については、仲麻呂による暗殺説が根強い（横田健一説など）。藤原氏の権力確立のために、阿倍《あべ》皇太子の強力なライバルであり大きな障害であった安積親王を除いたとする説である。急死であること、橘氏や大伴氏による擁立の可能性、親王の誕生が皇太子某王の誕生と同年で、のちに皇太子が早世したため、次の皇子誕生で有利な立場を得るため光明立后を焦ったこと、などが理由として挙げられてきた。

だが、暗殺の直接的な証拠はなく、藤原氏が積極的に皇統を断絶させようとすることもあり得ない。ビタミン欠乏症たる脚気は、足のむくみやしびれが特徴で、心臓機能の低下・心不全を併発する場合には最悪死に至る。私見では安積親王の死去に事件性はないと考える。

暗殺説の前提には、阿倍皇太子よりも安積親王が皇位継承では支持されるはずという暗黙の男子優先の観念があるが、聖武天皇は明らかに光明皇后の娘である阿倍皇太子を次期天皇として予定しており、藤原氏四子が病死し、橘諸兄の政権期になってもこれは動揺していない。安積親王の葬儀も光明皇后の子某王と比較すれば簡単なものであった。藤原氏を母とする王系が優先されるという流れは、すでに聖武天皇の母、宮子のときから一貫している。

しかし、安積親王急死の影響は大きかった。以後聖武天皇の直系男子が途絶え、阿倍皇太子に対抗する旧氏族の皇嗣《こうし》擁立候補が統一を欠くようになったからだ。

背景にあるのは、大伴氏のような貴族層の族長位の継承は、父子継承が徹底せず幅広い候補から選ばれ（阿部武彦説）、かつ女性の族長は存在しなかったことによる。女帝を容認する王権側の皇位継承と男性優先の貴族層の族長継承には齟齬《そご》があり、皇統意識の違いが政争を引き起こしたと考えられる。さらに、意中の皇嗣を即位させ、その天皇から氏上に任命されるという相互依存により、特定氏族や特定の家系に繁栄をもたらすというあり方がそれを助長していた。

難波遷都と紫香楽行幸

七四四年の閏正月一一日に聖武天皇は恭仁京から難波へ行幸した。はじめは遷都を意識したものではなかったと思われる。仲麻呂は恭仁宮留守に任命されたが、二月になると恭仁宮と平城宮の新たな留守官が任命された。仲麻呂はこのなかに名前がないので、難波宮に召喚されたらしい。

この間に、安積親王の急死があり、先に触れたが恭仁京に保管してあった高御座・大楯・武器までも難波へ移動させた。天との唯一の接点と観念された高御座は即位や元日の儀礼に用いるもので、天皇が所在する首都の場所を指し示す象徴物である。高御座の移動は遷都を意識した措置であることを誰の目にも明らかにした。

ここまで難波に遷都を前提とした行動をしながら、二月二四日聖武天皇はまた突然に紫香楽宮に行幸する。その二日後に左大臣橘諸兄が、おそらくは元正上皇の勅を受けて、難波への遷都を宣言した。天皇不在の遷都宣言が行われたことは、紫香楽宮での大仏造営に固執する聖武天皇と光明皇后・仲麻呂らに対して、難波遷都を強行した橘諸兄と元正上皇らの対立が顕在化したものといえよう（直木孝次郎説）。

仲麻呂と対立した橘諸兄は元正上皇を頼り、元正上皇は、聖武天皇や光明皇后による阿倍皇太子の即位や、紫香楽での大仏造営には反対であった。二人の利害は一致していた。

聖武天皇の突然の紫香楽宮への行幸は、民部卿と近江守を兼ねる仲麻呂が、造仏作業の進《しん》捗《ちょく》を視察するという名目で、勧めたのではないだろうか。

平城京の金光明寺《こんこうみょうじ》から紫香楽宮へ大般若経《だいはんにゃきょう》を運び入れ、朱雀門《すざくもん》で雅楽の演奏によりこれを迎え入れ、僧二〇〇人に転読させると、翌日には、これに対抗するかのように難波宮の東西楼殿に僧三〇〇を招いて、同じく大般若経を読経させている。両者の対立は、ここに極まった感がある。この対立関係は元正上皇が一一月に紫香楽に遷《うつ》るまで続いた。

新京への遷都

一方紫香楽宮では、山火事が発生し不穏な空気が流れていたが、上皇が合流する一一月までは、盧舎那仏の体骨柱《たいこつちゅう》（大仏鋳造の中心となる骨組み）が建てられるまでに造営は進捗していた。聖武天皇の大仏造営に対する意欲は、このときまで衰えていなかった。

元正上皇は、体骨柱を建てる儀式には間に合わなかったが、直後に紫香楽に到着した。これにより、「二所朝廷」状態はようやく解消した。しかし、橘諸兄・奈良麻呂親子と藤原仲麻呂による権力闘争は、まだ幕開けにすぎなかった。

七四五年正月、紫香楽宮の宮垣は未完成で、元日の儀式は行われなかった。注目されるのは「新京」とあることで、難波遷都の宣言と同じく、大楯と槍《やり》を立てている。正式な遷都の宣言はないが、難波から紫香楽に遷都したことを示そうとしたのである。

この正月の叙位で、仲麻呂は二年ぶりに従四位上から正四位上へ昇叙される。大仏造営に協力した行基も僧官のトップ大僧正《だいそうじょう》に任じられた。

平城還都

四月になると紫香楽宮周辺の山々で火災が頻発するようになった。数日も火が消えず、延焼は数百町に及んだ。火事は負担に苦しむ民衆による放火であろう。

五月からは地震が多発するようになった。『続日本紀』には、五月だけで一二回の地震を記し、この月の地震は常と異なっていたと特記する。天変地異の頻発は、君主の不徳によるものと当時は考えられており、聖武天皇も大仏造営の継続への批判を無視できなくなった。

こうした不安情勢により、太政官は、諸司の役人らを召して、いずこが京としてふさわしいか諮問すると、平城への還都を願う者ばかりであった。平城の四大寺（大安《だいあん》・薬師《やくし》・元《がん》興《ごう》・興福寺《こうふくじ》）の僧侶にも意向を聞いたが、やはり平城京への帰還との意見であった。今回は、どこを京とすべきかという諮問であり、候補地は示されていなかったが、諸司への諮問の直後に恭仁宮の清掃がなされていることからすれば、新京紫香楽の放棄はすでに決定されていた。

五月五日に聖武天皇は、参議紀麻呂を紫香楽宮の留守に残し、恭仁宮へ向かった。さらに七日には平城宮の掃除が命じられ、平城還都の予定が人々にも知られた。農繁期にもかかわらず、人々は勝手に平城に向かった。

すでに人の流れは押し戻すことはできなくなっていた。五月一一日、聖武は平城京へ帰還した。藤原広嗣の乱が発生し、伊勢へ行幸して以来、五年ぶりの帰還であった。

近江守兼任

五年間の空白を経て七四五年五月に平城京が再び都となった。しかし、聖武天皇は地震が頻発するなか、再び難波宮への行幸を行った。巨勢奈弖麻呂と藤原豊成が留守となったので、仲麻呂は難波に従駕したことになる。

九月、これまで長く知太政官事として太政官を総覧し、式部省の長官も兼務して官人の人事権を握っていた鈴鹿王が死去した。彼は高市《たけち》皇子の子で、長屋王の弟であった。この死去により、均衡を保っていた藤原氏と反藤原氏の権力バランスは崩れていく。

鈴鹿王が死去したまさにその日、仲麻呂は近江守を兼ねることとなった。先述したように近江国は曽祖父鎌足以来の由緒の地であるとともに、父武智麻呂も国守を務め、幼少時には訪れたであろう懐かしい地でもあった。以後、彼は失脚するまで約二〇年間、近江守は手放さなかった。

もちろん近江守任官は彼が望んだことであろうが、そうした希望が抵抗なく承認されるほどに、権力を我が物にしつつあった。鎌足以来の藤原氏嫡流を象徴する近江守任官は、兄豊成との実質的な権力関係の逆転を示すものでもあった。兼官ではあったが、その行政にも深く関与したことは、近江国から東大寺《とうだいじ》に奴婢《ぬひ》を進上した書類に署名していることや（「正倉院文書」天平一八年七月一一日近江国司解）、他国とは異なる新しい近江国府を造営したこと（終章）、などから確認できる。

さらに、翌年三月には、鈴鹿王が担当していた式部省の長官を継承したことも象徴的な出来事である。これにより文官の人事を差配することができるようになり、以後の権勢確立で人事権という大きな力を得ることになった。

橘奈良麻呂の反乱計画

七四五年八月、難波宮に行幸した聖武天皇は現地で重病に陥った。さらに平城京と恭仁京の留守に命令して宮中を固守させ、皇位継承資格のある孫王らを難波宮にことごとく召喚し、平城京の駅鈴と内外印を取り寄せている。

鈴印（駅鈴と内印）は天皇の命令を文書にして全国に及ぼすのに必要なアイテムである。これらの措置は、明らかに聖武天皇の重病により不測の事態が起こることを警戒したものである。天皇の死去までを視野に入れた、まさに戒厳令的な処置であった。

実はのちに明らかとなるのだが、この危急のときに橘諸兄の子、奈良麻呂による反乱計画が動き出していた。安積親王の死去後、すでに天武の子世代の有力な親王は存在せず、孫王の時代になっていた。具体的には、長屋王の子黄文《きぶみ》王・山背《やましろ》王、新田部親王の子塩焼王・道祖《ふなど》王らが有力視され、のちの政変では天皇候補として、しばしば名前が挙げられている。

このときの具体的な反乱計画は、のちの橘奈良麻呂の変（七五七年）における佐伯全成《さえきのまたなり》に対する尋問で、過去三回にわたり奈良麻呂からクーデタに参加することを要請されていたが、いずれも同意しなかったと述べたことにより発覚した。その自白は以下のようである。

去る天平一七年〔七四五年〕、先帝陛下〔聖武天皇〕が難波に行幸されたとき、帝は病気になりました。このとき奈良麻呂が全成に語りました。「陛下の体調はよくなく危篤に近い状態である。けれども、まだ皇嗣を立てていない。おそらく事変が起こるであろう。できることなら多治比国人《たじひのくにひと》・多治比犢養《こうしかい》・小野東人《おののあずまひと》を率いて、黄文王を立てて天皇とし、人民の望みに応えたい。大伴と佐伯の一族が、この挙に同調すれば、まさに無敵であろう。近頃、天下は人民が憂い苦しんでいる。都が転々とするため住むところが一定せず、道路には泣き叫ぶ声が絶えず、恨み嘆く声は多い。こうした事情だからよく相談して謀れば、事は成就するであろう。この挙に従いますか」と。

（天平宝字元年七月庚戌条）

佐伯全成がこの誘いを拒絶すると、奈良麻呂は他人に漏らすなといって別れたという。

仲麻呂と奈良麻呂

「まだ皇嗣を立てていない」とは、皇太子となっている阿倍内親王の正統性を認めないことである。これは、のちに橘奈良麻呂により述べられた「もし他氏が王を立てることがあれば、我が一族はなすこともなく滅亡するであろう」「他氏に先んじて万世を支配する基を築くことである」（天平宝字元年七月庚戌条）との意識を前提としている。

この場合の「他氏」は藤原氏であり、藤原氏の擁立した「皇嗣」たる阿倍皇太子および藤原系の新たな天皇は認知しないとの主張に他ならない。したがって、女性皇太子であっても男性皇太子であっても非藤原系天皇擁立の主張は変わらないと考えるべきである。

ここで語られる政治に対する人民の憂いや望みは、あくまで氏族間の権力闘争を隠蔽《いんぺい》する表面的な理由にすぎない。氏族としての存亡と皇位継承が表裏に関係し、天皇の病臥や死去により、こうした動きが顕在化する。

橘奈良麻呂の構想は、多治比・小野・佐伯・大伴氏をまとめ、長屋王の子黄文王を擁立する計画で、この段階では佐伯全成の拒絶により断念する。だが、後述するように大伴古麻呂《こまろ》と奈良麻呂の密談は継続し、やがて橘奈良麻呂の変へと展開する。仲麻呂と橘諸兄の対立関係は、次第に子の奈良麻呂との関係に移行しつつあった。

橘諸兄勢力の後退

遷都と造仏をめぐる仲麻呂と橘諸兄の対立は、この頃には仲麻呂優位の状況に転換しつつあった。

七四六年正月には、橘諸兄と藤原豊成が諸臣諸王ら二一人を率いて元正上皇の行在所《あんざいしょ》に参内して雪掃きに奉仕している（『万葉集』三九二二〜二六番歌題詞）。

この行事は元正上皇の存在感を示し、橘奈良麻呂が光明皇后と仲麻呂に対抗しようとしたとの説がある（直木孝次郎説）。元正上皇を後ろ盾とする橘諸兄は、白髪になるまで長く元正上皇に仕えてきたことを述べ、二人の親密さを強調する歌を詠んでいる。聖武天皇に万一のことがあれば、元正上皇が老齢ながら一時的に重祚《ちょうそ》する可能性も残されていた。仲麻呂にとっては、最後の危機的な時期であったともいえる。

結局、元正上皇を背後にした橘諸兄の力は、二年後の七四八年における元正上皇の死でその衰退は決定的となった。

第2章　叔母光明皇太后の寵愛——聖武から孝謙天皇へ

1　大納言への異例の昇進

式部卿と鎮撫使任命

前章で述べたように、参議に昇った藤原仲麻呂は七四六年三月の人事で文官全体の人事を掌握する式部省の長官（卿）を兼任した。

この年の仲麻呂主導の人事は、前後と比較すると通常と異なる点が多い。八省の文官人事に限定して大規模に行われ、九月には仲麻呂の弟藤原乙麻呂を兵部省の次官（大輔）に任命するなど仲麻呂派の勢力を拡大しつつ、同時に前章で触れた元正上皇居所での雪掃きに奉仕した橘諸兄派の官人の多くが、地方官に任じられ、都から飛ばされている（直木孝次郎説）。

式部卿になったばかりの仲麻呂は、一一月の人事で、自派に属する巨勢堺麻呂《こせのさかいまろ》を式部大輔、大伴犬養《おおとものいぬかい》を少輔に抜擢した。さらには、側近となる石川年足《としたり》には皇太子に近侍する春《とう》宮員外亮《ぐういんがいのすけ》と行政の実務を担う左中弁を兼任させている。人事権を恣意《しい》的に行使して、自己の有利な体制を組織し始めた。

話は前後するが二月には、行幸に供奉する騎舎人《うまのとねり》を改編して皇太子の身辺護衛を担当する授刀舎人《たちはきのとねり》（帯剣した従者）が新たに編成された。藤原氏の影響下にあった中衛府《ちゅうえふ》と並び、もう一つ軍事的基盤を編成したもので、仲麻呂の意向によるものと推測される。中衛府が聖武天皇の身辺警護であったのに対して、皇位継承を視野に入れ、阿倍皇太子の身辺警護が授刀舎人により準備された。

四月に仲麻呂は東山道鎮撫使《ちんぶし》を兼任した。鎮撫使とは、諸国の国司の上に臨時に置かれた職で、東海道や東山道など主要交通路であるとともに広域行政単位でもあった七道別に置かれた。職務は、徒党を組んで老少・貧賤《ひんせん》を苦しめる者、盗賊や妖言《ようげん》を放つ者、兵器をたくわえる者などを逮捕・処罰することや、国司や郡司の治績を巡察することであった。

その体制は、参議仲麻呂の東山道のほか、中納言藤原豊成が東海道、中納言巨勢奈弖麻呂が北陸・山陰道、参議大伴牛養《うしかい》が山陽道、参議紀麻呂《きのまろ》が南海道を担当していた。西海道が欠けているのは左大臣橘諸兄が大宰府の長官であったことによる。当時の太政官構成員の全員が手分けをして任命されている。

仲麻呂が東山道を担当したのは、近江国司を兼ねていたことからだろう。鎮撫使は一二月には廃止され、諸国の兵士を復活させていることを重視すれば、その準備だったと推測される。この設置は平城還都後の社会不安に対処するためであろうが、藤原広嗣の主張に表れているように、軍備拡充が藤原氏の政策であるとすれば、これも仲麻呂による提案であろう。

元正上皇の死去

七四五年の平城還都以来、都の東方山地で大仏の造営が再開された。盧舎那仏の塑像が完成すると、盛大な供養を行っている。しかし、七四七年になると再び聖武天皇の健康は不安定となり、元日朝賀が中止され、大赦が行われた。

他方で、前章でも触れたが、橘諸兄の勢力の衰えが顕著となる。まず、一一月に橘諸兄を支えた玄昉が筑紫観世音寺《かんぜおんじ》に左遷され、翌年には没している。この死については、藤原広嗣の霊が祟《たた》ったと噂《うわさ》された。

さらに、もう一人の吉備真備も表舞台からは消えていく。吉備真備は阿倍皇太子の信任が厚く、春宮大夫《とうぐうのだいぶ》（長官）を務めていたが、七四六年に仲麻呂腹心の石川年足《いしかわのとしたり》が春宮員外亮（定員外の次官）に任じられ、翌年には大夫となり、解任される。これは阿倍皇太子との結びつきを弱める式部卿仲麻呂の人事といえる。明らかに代替わりが近いことを想定した橘諸兄派排除であった。

政策面でも橘諸兄による政策が次第に後退する。廃止されていた大宰府や諸国兵士・東国防人が復活し、七四七年には諸兄が決めた大養徳《やまと》国の用字が旧の大倭国へ復帰する。これらも諸兄権力の後退を象徴するものであった。

これに対して、仲麻呂は順調に昇進していった。七四六年四月の叙位で、仲麻呂は四一歳で参議のまま従三位となり、位階では兄豊成と並んだ。この従三位は、父の武智麻呂が四五歳で昇った極位でもある。七四八年三月に仲麻呂は父の位階を超えて、さらに正三位に進んだが、同日に豊成は、従二位大納言となった。

この年、太政官に変動があり、左大臣橘諸兄、大納言藤原豊成、中納言巨勢奈弖麻呂に従来からの三名の参議（仲麻呂・大伴牛養・紀麻路）に加えて、石上乙麻呂《いそのかみのおとまろ》・多治比広足《たじひのひろたり》・石川年足・藤原八束《やつか》の四名が補充された（『公卿補任』天平二〇年条）。石上氏や多治比氏などの伝統的貴族だけでなく、石川年足や藤原八束が含まれていることからすれば、仲麻呂派が太政官に拡充されたと判断できる。

橘諸兄が頼りにしていた元正上皇は、前年末には健康がすぐれず大赦も行われたが、四月に没する。六九歳であった。元正上皇は、聖武天皇や光明皇后による阿倍皇太子の即位や、紫香楽での大仏造営には反対の立場だった。元正上皇の死により、阿倍皇太子の即位を表向き反対する者はいなくなり、聖武天皇の譲位と阿倍皇太子の即位が可能となった。聖武天皇の譲位は、元正上皇が健在なうちは、二人の上皇体制となり前例がないため困難であった。

六月には武智麻呂の娘、すなわち豊成・仲麻呂の姉妹にあたる正三位藤原夫人が没した。聖武天皇には、光明皇后ほかに、四人の夫人がいた。藤原氏からは南家（武智麻呂の娘、藤原夫人）と北家（房前の娘）から一人と、橘氏、さらに安積親王を生んだ県犬養広刀自である。この当時、皇后にも夫人たちにも男子の子はいなかった。

陸奥産金

聖武天皇の近親者の死去に続き、翌七四九年二月には、聖武天皇の大仏建立事業に協力した大僧正行基が八〇歳で没した（「行基年譜」『元亨釈書《げんこうしゃくしょ》』は八二歳とする）。彼は、聖武天皇の信仰の大きな支えともなっていた。

追い打ちをかけたのが、地震・干ばつなどの災異の連続で、「朕の政治と教育が、民に徳をもたらしていない」（天平一九年七月辛巳条）、「神が咎《とが》を残したのは、実に朕自身に由来する」（天平勝宝元年閏五月癸卯条）などと、しばしば自己の不徳を責めている。聖武が天皇として在位し続けるための体力と気力の衰えは明らかであった。

聖武天皇譲位の大きな契機は、陸奥《むつ》からの産金報告であった。大仏を真に「仏」として完成させるためには、鍍金《ときん》が必要であったが、その原料の金が不足していた。このことを聖武天皇は思い憂えていた。行基死去の直後に、陸奥国守百済王《くだらのこにきし》敬福《きょうふく》からの産金が報告された。これにより大仏完成の目処が立った。十分な金が東北で確保されたことは、のちに仲麻呂が金銭「開基勝宝《かいきしょうほう》」を発行する前提ともなり、新たな産金地を求めて雄勝《おがち》城・桃生《ものう》城の築造など東北経営に乗り出す契機ともなった（吉川真司説）。

早速四月には、皇后・皇太子とともに東大寺に行幸した。聖武天皇が自らを「三宝《さんぽう》の奴《やっこ》」と称し、仏に仕える身であることを宣言し、産金を仏神の加護として感謝している。金の出現を祥瑞《しょうずい》（君主の政治が正しいことを天が示すめでたいしるし）として改元し、天平から天平感宝に改められた（四字年号の開始）。喜びを分かちあうために、官人への叙位が広く行われた。

とりわけ過去の外戚氏族や光明皇后の母、皇太子阿倍内親王の祖母たる県犬養三千代の子孫に対する叙位が注目される。加えて「男のみが父の名を負い、女は何らかかわりのないものであろうか。双方とも、ともにお仕えすることが道理であると思《おぼ》し召される」と述べて、女官たちにも手厚い叙位が行われた。これは光明皇后や阿倍皇太子の存在を意識させるもので、三ヵ月後の女性皇太子即位の伏線として、光明皇后による強い意向と考えられる。

四月一四日に、聖武天皇は再び東大寺に行幸している。そして、左大臣橘諸兄を正一位に、大納言藤原豊成を右大臣に昇進させている。生存中の正一位授与は橘諸兄が最初である。のちに仲麻呂も正一位に昇るが、ライバル橘諸兄による先例を意識したものであろう。

孝謙天皇の即位

聖武天皇は閏五月になると正式な譲位を待たずに「太上天皇沙弥勝満《しゃみしょうまん》」と自称し（平田《へいでん》寺《じ》文書）、さらに内裏から薬師寺宮へ移御している。薬師寺には寺院行政を統制する僧綱所《そうごうしょ》があり、仏事に専念するのにふさわしい場所であった。「三宝の奴」宣言以後、政務を司《つかさど》る天皇ではなく見習い出家者を意味する「沙弥《しゃみ》」を自称しているように仏弟子として大仏造営に傾倒しつつあったといえる。

すでに、聖武天皇が「太上天皇」を自称する頃には、光明皇后に政務を任せつつあったのではないか。聖武譲位後の光明皇太后による天皇代行と次期天皇指名の権限を想定することができる。

聖武天皇が仏道に専心するため実質的に「太上天皇」となり退位したとみるか（中川収説）、名目的に天皇の地位にあったとみるか（岸俊男説）については議論がある。私見はどちらかといえば譲位されるべき天皇がまだ存在しないことを重視して、前者の立場により天皇的なふるまいをしたと解釈する。「太上天皇」と書かれた文書に、橘諸兄や藤原豊成が署名していることも、高官が譲位を承認していたことを示す。

七月になり、阿倍皇太子が聖武天皇からの譲位により正式に即位する。孝謙天皇である。これにより長く続いた天平という一つの時代が終わった。年号は、天平感宝から天平勝宝に改められた。この七四九年は、四月に天平二一年から天平感宝に改められたばかりで、わずか数ヵ月のうちに二度目の改元がなされたことになる。

孝謙天皇の即位について、光明皇后の強い働きかけがあったことは、以下の文でよく知られる。

朕の母上〔光明皇后〕のお言葉により、朕にお告げになるには「岡宮《おかのみや》で天下をお治めになった天皇〔草壁皇子〕の皇統がこのままでは絶えようとしている。それを避けるために女子ではあるが、聖武天皇のあとを汝《なんじ》〔孝謙天皇〕に嗣《つ》〔副〕がせよう」と仰せになった。

（天平宝字六年六月庚戌条）

なお、「嗣」は本居宣長《もとおりのりなが》による意改で、原文は「副」だが、「そう」と訓《よ》めるので、「嗣」と同じく女子につなげる意味となる。男女の性別が問われず、光明皇后と聖武天皇の意思により、嫡系の血統を重視していることが注目される。

「不改常典」法

ここでは、「法に従ってこの天つ日嗣ぎの高御座の業は、朕の子である王〔阿倍内親王〕に授ける」という「不改常典《ふかいじょうてん》」法を持ち出して女帝の即位を正当化している。「不改常典」法とは、天智天皇が定めたとされる法で、元明即位宣命と聖武即位・譲位宣命にみえる。持統天皇から文武天皇、元正天皇から聖武天皇、聖武天皇から孝謙天皇への皇位継承が、この法に従って行われたとある。

この不改常典の解釈については、律令法や直（嫡）系継承法などの諸説が存在する。私見では天武天皇への禅譲の意思表明という天智天皇に仮託した先帝意思（譲位・遺詔・立太子）の尊重が法意と解釈される。

その根拠は、「不改常典」法は、譲位・即位宣命など皇位継承にのみかかわって言及されること、君主の地位は超法規的存在であり、皇位継承法を直接規定していない律令とは異なる不文法であること、いずれも先帝の意思により即位が認められたこと、天智天皇から天武天皇への皇位継承は明らかに兄弟継承であり、直（嫡）系継承でないこと、直（嫡）系継承法では伯母から甥へという元正－聖武の継承が矛盾すること、天武天皇の即位根拠が、天智天皇から「後事を汝に託す」（『日本書紀』天智一〇年一〇月庚辰条）という先帝の意思によること、などが指摘できる。

そのように解釈するならば、文武天皇－元明天皇の即位も、文武の大命とあり、先帝意思の尊重と解釈される。さらに、元明天皇－元正天皇は漢文詔であるので、宣命用語としての「不改常典」法の文句はないが、「受禅（先帝意思による生前譲位）」（元正即位漢文詔）、「皇帝の位を内親王に伝う」ことは「朕の意《こころ》に称《かな》う」（元明譲位漢文詔）との表現によれば同様の内容が確認される。

このように持統から孝謙即位に至る継承は、例外なく譲位・遺詔・立太子など先帝の意思表示によると解釈できる。

2-1　議政官の変遷⑤

藤原氏の復活（749年）	
左大臣	橘諸兄
右大臣	藤原豊成（南家）
大納言	巨勢奈弖麻呂
	藤原仲麻呂（南家）
中納言	石上乙麻呂　紀麻呂
	多治比広足
参　議	石川年足
	藤原八束（北家）
	大伴兄麻呂
	橘奈良麻呂
	藤原清河（北家）

大納言就任

七月二日の代替わりにともない、即日に大幅な叙位と任官が行われた。このときまで参議正三位式部卿兼近江守であった仲麻呂は、中納言を経ずにいきなり大納言に抜擢された。かつて民部省長官の前任者で、仲麻呂を抜擢した巨勢奈弖麻呂と官職で並んだことになる。

このときの人事では、新たに三名が中納言、三名が参議となり、合計一二名という多人数となった。議政官に藤原氏が四名となったのは、藤原四子が名前を連ねた七三一年以来、一八年ぶりのことで、藤原氏の復活を示している。一族で、右大臣と大納言を占めるのは明らかに異例の抜擢といえる（2-1）。

一方で、橘諸兄と奈良麻呂の親子が並んで議政官入りしたことも注目される。明らかに二〇代での参議任命は異例であり、父諸兄の推挙があったことが想定される。なお、元東宮学士（皇太子の教育係）兼大夫であった吉備真備も石川年足とともに従四位上に昇叙されている。

すでに橘奈良麻呂は、閏五月に侍従に任命されており、孝謙天皇即位を見越した側近への抜擢人事であったと推測される。彼は二〇歳のときの七四〇年に、聖武天皇が父諸兄の別邸に行幸した際に、無位から従五位下に直授されて以来、急速な昇進をしている。父諸兄の威光だけでなく母が藤原不比等の娘、多比能《たびの》であることから聖武天皇や光明皇后の支持も想定される。

七四四年頃から藤原系の孝謙天皇即位については反対の行動をとり、黄文王を擁立する陰謀をめぐらしていたことは第1章で述べた。

2　権力掌握へ——「紫微令」就任、仲麻呂邸への行幸

紫微中台の設置、長官就任——皇后宮職の拡大

七四九年八月になると紫微中台《しびちゅうだい》が設置され、官人が任命された。紫微中台とは天皇と皇太后の命令を伝達するための役所である。その正式な官制の決定は一ヵ月後の九月七日であった。光明皇后が聖武天皇の譲位により、皇太后になったことから、皇后宮職を拡大改組したものである（天平宝字四年六月乙丑条光明皇太后没伝）。

大納言正三位となっていた仲麻呂は、この紫微中台の長官、紫微令《しびれい》の兼任を命じられた。この年には、さらに中衛大将《ちゅうえのだいしょう》も兼任する。これ以後、「重要な政治はすべて一人の判断で行われた。このため他の豪族や、名門の家柄の者は、みな彼の勢力を妬《ねた》んだ」と評された（天

平宝字八年九月壬子条没伝)。

紫微中台の名称は、唐の則天武后(中国史上唯一の女帝で、唐第三代高宗の皇后)の役所「中台」(法案の行政を担当する尚書省)と玄宗皇帝(唐第六代皇帝)の役所「紫微省」(法案の起草を担当する中書省)に倣ったものといわれる。

仲麻呂の唐風好みの政策基調や人事を担当する式部卿という職掌からすれば、この設置を進言したのも仲麻呂であった可能性が高い。孝謙天皇とそれを後見する光明皇太后による命令を起案する役所として皇太后宮職よりも格上の官司を設置したのである。

序列は、太政官と八省筆頭たる中務省《なかつかさしょう》の間に位置し、太政官に次ぎ、八省よりも上位に位置づけられている。孝謙天皇即位にともなう最初の人事で、仲麻呂を長官として任命していることを重視すれば、代替わりによる新体制の中核に彼が位置づけられたことになる。

光明皇太后が孝謙天皇の後見役として聖武上皇から一任された権限を背景に、仲麻呂が具体的に取り仕切る「光明子・仲麻呂体制」とも称される関係が成立したといえよう。

光明皇太后と孝謙天皇との共同執政の根拠は、「朕の亡き後には、皇太后によく仕えて、お助け申しあげよ」(天平宝字元年七月戊申条)、「朕に仕える臣下で、朕を君主と思う人は、光明子によくお仕え申し上げよ。朕を思っているようにお仕えし、朕とは違うとは思うな。次には、朕の子の太子に明らかに浄《きよ》い心で、二心なくお仕え申し上げよ」(神護景雲三年一〇月乙未条)という聖武上皇の遺詔が根拠になっている。前天皇の意思による皇太后(光明子）と天皇（孝謙）への権力の委譲が前提にある。
おそらく、聖武天皇が薬師寺に移御した頃から、光明皇太后に鈴印（駅鈴・内印）が預けられ、実質的な天皇代行が行われていたと想定される。「太上天皇」と書かれた寄進文書には、紫微中台に関係しない太政官高官の諸兄や豊成が署名していることも、権力の分担関係を示している。

紫微中台の職掌と目的

紫微中台の職掌は、以下のように規定されていた。

紫微中台は、宮中にあって勅を奉じ、諸官司に頒布・施行する。それは大地が天から委ねられて万物を育成するようなものである。故《ゆえ》に地を意味する坤宮官《こんぐうかん》と改める。
（天平宝字二年八月甲子条）

この官職名を中国風に改める記事には、「勅」の用字が三ヵ所あるが、他は明らかに天皇の勅を示しており、国政を担当する太政官の職掌に「如天施徳（天が徳を施し）」とあり、紫微中台の職掌にも「如地承天（大地が天から委ねられる）」とあることと対比すれば、天皇の外廷に対して内廷の意味と解釈される（柳雄太郎説）。

おそらく紫微中台を経由する命令文書は、孝謙天皇の勅と光明皇太后の令旨を基本として、中間形態として天皇と皇太后の共同意思として出される詔勅が存在したと考えられる。皇太后の内意だけでなく、天皇の勅を奉じるという点が従来の皇后宮職や中宮職とは異なり、本来は天皇の勅を奉じる太政官や中務省の役割を吸収したことが指摘できる（柳雄太郎・吉川敏子説）。

光明皇太后が健在であった天平勝宝年間は、紫微中台の長官紫微令の資格により、仲麻呂が上席者を差し置いて太政官符の宣者を独占する（早川庄八説）。

紫微中台の官人構成は、令《れい》（長官）・大少弼《ひつ》（次官）・大少忠《ちゅう》（判官・三等官）・大少疏《そ》（主典《さかん》・四等官）の四等官構成である。役人の非違を検察する弾正台の役人名称と類似するが、圧倒的に官位相当が高い。

定員と官位相当は、令（一人・正三位）、大弼（二人・正四位下）、少弼（三人・従四位下）、大忠（四人・正五位下）、少忠（四人・従五位下）、大疏（四人・従六位上）、少疏（四人・正七位上）である。五位以上が過半数の一四人（太政官は一六人、八省では三人）という太政官に匹敵する他にはない高級官司であった。

紫微中台の設置によって、元皇后宮職の役人であった、中臣丸連張弓《わにのむらじゆみはり》（元皇后宮亮・次官）、出雲《いずも》臣屋麻呂《やまろ》（元皇后宮少属・三等官）、吉田《きちだ》連兄人《えひと》（皇后宮大属・四等官）らが三等官の少忠に横滑りする。そうであれば皇后宮職の系譜を引く官司であることはまちがいない。

しかしながら、彼らの上司として上級官人が本官を維持したまま兼職している点が特異である。

大納言の仲麻呂が長官を兼ねているように、議政官や文官人事を担当する式部省と、軍事を担当する衛府の兼官が多くなっている。光明皇太后の没伝に「勲功のある者や賢明な人を、官人に任用した」とあるように、有能な官人を抜擢している。なお、紫微中台の設置と同日に聖武上皇の母である藤原宮子の中宮職も中宮省に格上げされている。

他方で太政官では、仲麻呂が大納言に進んだことで、詔書に署名し、天皇に施行許可を求める覆奏《ふくそう》の権限を得たことは大きな変化であった。しかし、左大臣橘諸兄、右大臣藤原豊成が上席に位置し、仲麻呂は巨勢奈弖麻呂に次いで第四位で、必ずしも政治の主導権を握っていたわけではない。反仲麻呂の急先鋒であった橘奈良麻呂が参議になったことも政治的活動の制約になった。

そこで、仲麻呂はこの紫微中台を拠点に、太政官トップの橘諸兄を凌駕《りょうが》し、政治力を発揮していくことを構想したのであろう（瀧川政次郎説）。光明子・仲麻呂体制の開始である。

一方、参議に昇進した橘奈良麻呂は、先帝（聖武天皇）が難波で病臥したときに続き、孝謙天皇即位の大嘗祭《だいじょうさい》の年にも、謀叛の企てを陸奥産金の功により叙位されるため上京した佐伯全成に打診している（天平宝字元年七月庚戌条）。しかし、佐伯全成は朝廷から高い位と手厚い禄を賜っているので、天に背く悪逆なことはできないと再び断っている。橘奈良麻呂は、同心の友であると信用し、謀叛の企てを語ったが、他言しないように頼んでいる。

仲麻呂の息子たち

この頃になると仲麻呂の子たちが活躍し始める。仲麻呂はすでに四四歳になっていた。七四九年四月の叙位で藤原真従《まより》が正六位下から従五位下に進み、八月には中宮大進に任じられている。彼は最も早く五位になっているので、仲麻呂の長男と推測される。

仲麻呂の男子としては『尊卑分脈《そんぴぶんみゃく》』に最も多く訓儒《ときはか》・真光《まさき》・朝狩《あさかり》・真文《まいと》・湯麿《ゆまろ》・薩雄《ひろお》・辛加知《からかち》・刷雄《よしお》・徳壱菩薩《とくいちぼさつ》の九名を掲げている。このうち真文と徳壱菩薩については、他に確認できない。『公卿補任』は久須麻呂を長男、真先《まさき》を二男、朝狩を三男とするが（天平宝字六年条）、『続日本紀』に見える真従の記載がない。

一方、『続日本紀』の仲麻呂没伝によれば、「その息子、正四位上真先と従四位下の訓儒麻呂《くずまろ》・朝獦《あさかり》はそれぞれ参議となり、従五位上の少湯麻呂《おゆまろ》、従五位下の薩雄・辛加知・執棹《とりさお》は、みな衛府や関のある国の国司にされた」とあるように、位階順に真先・訓儒麻呂・朝獦・少湯麻呂・薩雄・辛加知・執棹の記載がある。真先・朝獦らを三品、刷雄が「第六子」との記載もある。さらに、『続日本紀』によって、五位に到達した時期が子息らの年齢をおおよそ反映しているとすれば、2－2のような順番がまずは想定される（岸俊男説）。

ただし、長男と考えられる真従は以後の記載がない。記録が残る七四九年以降に早世したと考えられる（薗田香融説）。『尊卑分脈』に真従が見えないのはこのためであろう。妻の粟田《あわた》朝臣諸姉《もろね》（仲麻呂の亡男真従の寡婦とある）は夫の死後、仲麻呂が大炊王《おおい》（のちの淳仁天皇）の妻にさせ、仲麻呂邸（『続日本紀』は「田村第《たむらてい》」と表記）に住まわせたとある（淳仁即位前紀）。

2-2　仲麻呂の息子たちの五位入内時期

真従	749年4月に正六位下から従五位下
刷雄	752年閏3月に無位から従五位下
真先	757年5月に正六位上から従五位下
朝獦	757年7月に正六位上から従五位下
久須麻呂	758年8月に正六位下から従五位下
小湯麻呂	759年6月に正六位上から従五位下
薩雄	759年6月に正六位上から従五位下
辛加知	761年正月に正六位上から従五位下
執棹	763年正月に正六位上から従五位下

のちに詳述するが、仲麻呂は亡き長男の寡婦を媒介し、仲麻呂と妻袁比良を「朕の父母」（天平宝字三年六月庚戌条）、仲麻呂を「尚舅《しょうきゅう》」（同二年八月甲子条）、「〈恵美〉家の子は、朕がはらから〈同母兄弟〉」（同三年六月庚戌条）と呼ばせたように、淳仁天皇と擬制的な親子関係を結ぶことで大きな力を得ることになる。

他方で、刷雄の五位到達が二番目に早いので次男とも考えられるが、刷雄が「第六子」との記載を尊重すれば、遣唐使の留学生派遣による特授と解釈され、兄弟順とは異なることになる。

次に、真先と久須麻呂の前後関係は、『尊卑分脈』には訓儒（久須麻呂・訓儒麻呂）・真光（真先）の順であるが、『続日本紀』によれば、五位への昇進は真先が訓儒麻呂よりも早く、仲麻呂没伝での記載順も真先・訓儒麻呂・朝獦の順なので、長男真従・次男真先（真前・真光・執弓《とりゆみ》・弓取）・三男訓儒麻呂（久須麻呂・浄弁《じょうべん》）・四男朝獦（狩・猟）とするのが妥当である。『尊卑分脈』の順が逆転しているのは、三男訓儒麻呂の活躍が顕著であるのに対して、次男真先の活躍が地味であったことや（薗田香融説）、真先と訓儒麻呂の母が、正妻袁比良であったことによるのではないか（木本好信説）。

なお、七五八年の淳仁天皇即位時に、真先は本名弓取から改名し、久須麻呂も本名浄弁から改名したことは、天平宝字二年八月一日「詔勅草《しょうちょくそう》」（『大日本古文書』編年第四巻二八四頁、以下大日古四―二八四と略称）に記載がある。このとき、同じく北家の八束《やつか》も真楯《またて》に、千尋《ちひろ》も御楯《みたて》に改名している。弓や楯などの武器にちなむ名前が彼らに与えられたことは、おそらく藤原一族に天皇を守護する役割を期待されたことによるのであろう。久須麻呂は浄弁という名前から、かつて僧籍にあり、そのため五位への叙位が遅れたとの推測もある（薗田香融説）。以下、五男小湯（小弓）麻呂（麿・万呂）・六男刷雄・七男薩雄・八男辛加知・九男執棹と推定される。

なお、『尊卑分脈』には真文の名前が、朝狩と湯麿の間にあるが、他に見えず、真従か真先の誤入と推定される。刷雄と薩雄も類似するが、五位への叙位など経歴では区別され、別人としても矛盾はなく、それぞれ異なる子孫も存在している。薩雄の母は、大伴犬養の娘とある（『尊卑分脈』）。

さらに『尊卑分脈』には末子に徳壱菩薩（会津《あいづ》の僧侶で最澄《さいちょう》と教理論争をした）の名前があ

り、一説として薩雄と同一人物とする説が記されているが、後世の付加と考えられる。薩雄と同一人物とするのは、後述するが藤原仲麻呂の乱の際に、仲麻呂の妻子と従者らが皆斬殺されたにもかかわらず、第六子の薩雄のみが、年少の頃より仏道修行をしていたので、死を免じられ、隠岐《おき》国に流されたとの記載を根拠にしているが、年齢や履歴の点で無理がある。

これら仲麻呂の子息たちは、次々に参議や重要な国の長官、さらには高級武官に任じられて仲麻呂政権の中枢を構成していくことになる。

娘婿の御楯

仲麻呂には児従《こより》・東子《あずまこ》・額《ひたい》という三人の娘もいた。『続日本紀』によって、五位に到達した時期を示すと、2－3のような順番となる。

2－3　仲麻呂の娘たちの五位入内時期

児従	752年5月に無位から従五位下
東子	761年正月に無位から従五位上
額	761年正月に無位から従五位下

児従は長女であったと考えられ、北家房前の子御楯に嫁ぎ（天平宝字五年八月甲子条）、仲麻呂と御楯が密接な関係にあったのは、この婚姻関係による。七五九年の夫御楯の参議就任とともに従四位下に進み、さらに二年後には正四位下まで昇進している。

一方、東子と額も「恵美」姓を名乗った。『続日本紀』の記載順によれば、東子が二女、額が三女となる。額は「恵美比多比」とも表記される。

児従と藤原御楯の縁組みは仲麻呂の妻袁比良が、同じく藤原房前の娘であり、御楯の姉であった関係からだろう。『公卿補任』によれば袁比良は、次男真先と三男訓儒麻呂の母とされる（天平宝字六年条）。袁比良は、先述したように尚蔵兼内侍として後宮で影響力を発揮し、仲麻呂の活動を支えた。

藤原御楯は、仲麻呂の長女児従の娘婿として期待され、仲麻呂政権下では参議まで出世する。彼は陸奥産金に感謝する聖武天皇の東大寺行幸時に、仲麻呂の長男真従とともに従五位下を叙位されている。「大臣の子等を治め賜う」という趣旨での叙位であることからすれば、すでに長女の娘婿として遇されており、長男と同じく「大臣の子」に准じて扱われていることになる（本来の出自は北家房前の六男）。

長男真従は先に七四九年以降に早世したと想定したが、以後はこの亡き長男真従に代わる役割を与えられ、孝謙上皇の親衛隊たる授刀衛の長官を長く務めていた。仲麻呂と孝謙上皇との関係が急速に悪化するのは藤原御楯の死後である。

造東大寺司の拡充、仲麻呂の仏教信仰

平城京に還都したのちに大仏の造営は、大養徳《やまと》国金光明寺《こんこうみょうじ》で再開される。これにより大仏造営と金光明寺（東大寺）が一つのものとして合体する。

こうした東大寺の造営や写経事業などを担当した臨時の役所が、造東大寺司である。設置の時期は不明だが、文書の署名者が同一であるところから、七四八年頃に東大寺の前身であ

る金光明寺の造営機構（金光明寺造仏所）が発展して成立したとされる。

七四八年九月七日造東大寺司解には、造寺次官・判官・主典の署名がある（大日古一〇―三七七）。長官を欠くが、四等官制が確認される（長官が正式に任命されるのは、七五五年）。以後、官司は順次拡大され、最盛期には八省に匹敵する規模を有した。経済的基盤としては、封戸と荘園だった。

東大寺大仏や諸国国分寺の造営に、聖武天皇だけでなく光明皇后の強い意志が存在したことは、「東大寺や全国の国分寺を創建したことも、もともとは皇太后が聖武天皇に勧めたことによるのである」との没伝により知られる（天平宝字四年六月乙丑条）。この信心は、母橘三千代が生まれた河内国古市《ふるいち》郡の渡来系氏族を中心とする仏教信仰に求められている（岸俊男説）。

父武智麻呂についても、「毎年夏、四月・五月・六月の三ヵ月に、一〇人の高徳の僧を招いて、法華経の講説を聞き、それを心に染み込ませた」とされる（『藤氏家伝』武智麻呂伝）。仲麻呂も、こうした近親者の環境に影響され、仏教への関心は高かった。「正倉院文書」によれば、仲麻呂家では大規模な写経事業を行っていた。その時期は、七四九年から仲麻呂の乱で滅亡する七六四年九月まで、二度の停止期間（七五九年と七六二年）を除いて連続している。

七四九年八月には、「大納言藤原家」が造東大寺司に対して、家内で写すため本経を借用したいこと、終了後はすみやかに返却するので続けて書写したいことなど、造東大寺司が許可した文書が残る（天平勝宝元年八月八日「大納言藤原家牒《かちょう》」、大日古三―二七三）。仲麻呂家では、「五月一日経」を底本とした書写事業を行った。「五月一日経」とは、光明皇后が両親の菩提を弔うため、玄昉が将来した経典目録『開元釈教録《かいげんしゃっきょうろく》』を底本にした一切経の書写事業のことで、天平一二（七四〇）年五月一日付けの皇后願文を持つことにちなむ。

さらに、仲麻呂の仏教信仰を示すものとしては栄山寺《えいさんじ》（前山寺《さきやまでら》）八角堂や石山寺《いしやまでら》の造営に関与したことである。

栄山寺は、奈良県五條《ごじょう》市にあり父武智麻呂により創建されたとされ、仲麻呂が父母の冥《めい》福《ふく》を祈って八角堂を創建したとされる。この寺では仲麻呂の支援による写経も行われていた。

石山寺は、東大寺僧良弁《ろうべん》らにより創建された仏堂を、淳仁天皇が近江国に造営した保良宮《ほらのみや》の鎮護のため仲麻呂が大幅に拡充したとされる。

仲麻呂は東大寺との関係も深く、しばしば奴婢《ぬひ》の寄進を率先して行っている。たとえば、七四九年には一五歳から三〇歳までの容貌《ようぼう》丹精な奴婢の売進を諸国に命じ、これにより進上された奴婢が東大寺に送られ使役されている。

仲麻呂と僧侶との関係も深く、鑑真《がんじん》とともに七五四年に帰国した息子の刷雄を介して深い関係にあった。七五四年二月、仲麻呂は来日した鑑真らを河内に迎え、慰労している（『唐《とうの》大和上東征伝《だいわじょうとうせいでん》』『東大寺要録』）。

『藤氏家伝』の「武智麻呂伝」を執筆した武智麻呂家の家僧的存在とされる延慶《えんけい》は、鑑真来日に同行した弟子でもあった。鑑真願経の写経に対して仲麻呂は紙・筆・墨などを造東大寺司に送り援助している。鑑真による唐招提寺《とうしょうだいじ》創建でも、食堂《じきどう》は仲麻呂家の殿舎を移築したもので、仲麻呂の田村第と同じ瓦も使用されており、備前《びぜん》国や越前国の墾田を施入しているのも、仲麻呂の配慮だと思われる。

仲麻呂の仏教政策

このように仲麻呂は、為政者としての立場からさまざまな仏教政策を行った。

まず七五六年五月に仏教の僧尼を管理する僧綱体制のなかで、戒律を重視する僧侶らを任命し、仏教統制を強化している（天平勝宝八歳五月丁丑条）。すなわち、鑑真・良弁を大僧都《だいそうず》、慈訓《じきん》を少僧都、法進《ほうしん》・慶俊《きょうしゅん》を律師へ任命することによって、鑑真らのもたらした中国の新たな体系的戒律の導入を目指した。当然ながら彼らは親仲麻呂派である。特に良弁は東大寺大仏の造営に功績があり、同じく東大寺への経済的援助を進めた仲麻呂とは連携が想定される。以後、彼らが中心となる僧綱のもと仏教政策が提案され、改革が求められることが多くなる。

たとえば、七五九年に五位以上と僧侶の師位以上（受戒を経て修行を積んだ徳の高い僧侶の尊称）らに対して政策提言を求め、それに応じて少僧都慈訓らが官による布施の停止を提言している（天平宝字三年六月丙辰条）。これは、供物を得ようとする貪欲《どんよく》な僧侶を排除する政策である。また、寺院修理や駅路沿いに果樹を植えること、放生池の設置など、以後にも継承された法令は多くある。

これらの政策提言は、のちに「朕と宰相」（淳仁天皇と仲麻呂）が可否を決定するともあり、僧綱と仲麻呂が共同した改革で、平安初期にも継承される有効な政策であった。

七六〇年七月には、大僧都良弁・少僧都慈訓、律師法進らが提案した、四位一三階（伝灯・修行・誦持《じゅじ》の三師位系列に入位《にゅうい》・住位《じゅうい》・満位《まんい》・法師位《ほっしい》の四位があり、そのうえに大法師《だいほっし》を置く）という僧位制度の提案がなされた（天平宝字四年七月庚戌条）。ただし、天皇による修正案により修行位と誦持位は統一されて二系統九階とされたらしい。

こうした提案は、仲麻呂が進める僧侶の身分秩序を官人と同様に位置づけ、統制を加えようとする政策と合致する。

左遷・昇叙・改姓

翌七五〇年正月、従四位上右京大夫であった吉備真備が筑前《ちくぜん》国守に異動させられた（宝亀六年一〇月壬戌条真備没伝によれば、さらに肥前《ひぜん》守へ遷任）。「左降」と記載され、明らかな左遷である。この人事については、玄昉と吉備真備の排除を訴え敗死した藤原広嗣の「逆魂」（怨霊）の祟りによると後世には評されている（同没伝）。

これに対して三月には先述した仲麻呂異母弟の藤原乙麻呂が大宰少弐任命、一〇月には異例の大宰帥任命があり、明らかにバランスを欠いた人事が起きていた。

その理由は明らかではないが、大納言・紫微令であった仲麻呂の意向により遠ざけられたのであろう。この頃から仲麻呂による橘諸兄派の排除が露骨になってくる。

一方、正月の叙位では、仲麻呂が正三位から従二位に昇叙された。ようやく左右大臣になれる位階に到達したことになる。なお橘諸兄は、すでにほぼ極位極官たる左大臣正一位に達していたが、宿禰《すくね》姓を改めて朝臣姓が与えられている。宿禰と朝臣の姓の優劣は、必ずしも明らかでなかったが、以後は朝臣・宿禰という上下関係が明確になる。

これ以降、橘諸兄の活動は次第に衰え、仲麻呂勢力が強くなっていく。橘諸兄派は仲麻呂の政治力で押さえ込まれつつあり、息子の奈良麻呂が武力に訴える奈良麻呂の変の機運は醸成されつつあった。

遣唐使任命

七五〇年九月、北家藤原清河を大使、家持《やかもち》の従兄弟《いとこ》大伴古麻呂を副使とする遣唐使の任命があった。さらに翌年一一月には吉備真備が副使とされた。

二人目の副使任命も異例であり、加えて吉備真備は従四位上であり、従四位下の大使藤原清河よりも上位の副使はきわめて異例である。ただし、翌閏三月に遣唐使に天皇代理権限を示す節刀《せっとう》が与えられたとき、バランスをとるためか、大使清河は正四位下となった。吉備真備は格下の副使として従四位上のまま留めおかれた。

吉備真備派遣は、先述した春宮大夫解任に始まり、筑前守任命と同様に中央から追いやる手立てであったと考えられるが（野村忠夫説）、表向きは、唐の事情に詳しいことから、唐玄宗皇帝前半期の「開元の治」を学ぶという目的も存在したと考えられる。

「開元の治」は、税制改革による負担軽減、節度使の設置による地方統治と軍事力の掌握、仏教統制など、のちの天平宝字期に展開する仲麻呂の政策と類似する点が多い。仲麻呂による唐風化政策の前提となる情報収集の役割も遣唐使には期待されていたらしい。

遣唐留学生には、仲麻呂の「第六子」の刷雄も含まれていた。『万葉集』で「大納言藤原家」すなわち仲麻呂の自邸で、入唐大使藤原清河たちへの送別の宴会を催し、自ら息子との別れを惜しむ歌を詠んでいる（四二四二番歌）。光明皇太后も甥の清河に対して無事を祈る歌を送っている（四二四〇番歌）。清河が節刀を与えられたときに刷雄は、無位からいきなり従五位下を特授されており、まだ官途についていない若年であったと推測される。

このときの遣唐使は、七五二年に長安に到着し、翌年正月の朝賀で、日本の席次が西畔《せいはん》（西側）第二席の吐蕃《とばん》の下《しも》で、新羅の東畔第一席大食国《タアジこく》の上《かみ》より下位に置かれていたことから、副使であった大伴古麻呂が、長く新羅は日本に対して朝貢を行っていることから席順が義に適《かな》っていないとして抗議し、日本と新羅の席を交換させている（天平勝宝六年正月丙寅条)。

以後、新羅との関係は悪化し仲麻呂による新羅征討計画までエスカレートすることになる。

この遣唐使は、七五四年に大伴古麻呂と吉備真備らを乗せた第二船は無事帰国したが、大使の藤原清河は安南《アンナン》に漂着し帰国できなかった。第二船には唐僧鑑真の一行も乗船していた。鑑真の死後、追悼の漢詩七首のなかに鑑真の弟子たちと並び、藤原刷雄のものがあることから(『唐大和上東征伝』)、のちに仏道に帰依するようになった刷雄の帰国も鑑真と同時であったと考えられる(岸俊男説)。

なお、副使大伴古麻呂は、新羅との席次争いの主張や出国の禁を破り鑑真を独断で密航させるなど豪放大胆な性格であり、帰国後は七五四年四月に左大弁に抜擢された。職掌上、彼との関係が近くなった参議橘奈良麻呂は、やがて能力を評価して反仲麻呂の謀議に誘うことになる。

大仏開眼供養

譲位した聖武上皇の健康状態は悪化しつつあり、大仏の造営が急がれた。

大仏は七四九年に完成し、七五一年から大仏を覆う金堂の建設が開始された。七五〇年一二月には、仲麻呂が孝謙天皇の代理として東大寺に赴き、造東大寺司官人の玄蕃《げんば》頭市原《いちはら》王(実質的には長官)や次官佐伯今毛人《いまえみし》らに叙位を行っている。この年の三月に駿河国で産金があったことを祝う叙位であった。陸奥産金のときには聖武天皇の詔を宣したのは橘諸兄であったが、代替わりにより仲麻呂が使者となっているのは権力者の交替を象徴している。

盧舎那仏の開眼供養は、七五二年四月九日に東大寺で行われた。当初、釈迦《しゃか》の降誕の日である四月八日を予定していたが、実際には翌日となった。

開眼供養とは仏像の完成後に、御仏の魂を入れ、礼拝の対象とすることで、僧侶が目を書き入れる儀式のことである。「仏教伝来以来、これほど盛んな法会《ほうえ》はなかった」と記されるほど盛大であった。

平安後期に成立した東大寺の記録である『東大寺要録』巻二供養章によると、当日の儀式は、開眼師による開眼儀式、講師・読師による華厳経《けごんきょう》の講説、諸寺などからの奇異物奉献、奏楽と舞の四部構成であった。

開眼導師には、「朕が身疲れ弱り、起居に便ならず」として病弱な聖武上皇に代わって南インド出身のバラモン僧菩提僊那《ぼだいせんな》が選ばれ、唐僧道璿《どうせん》が呪願師《じゅがんし》（法会のとき、願文を読む僧）となった。そのとき用いられた開眼縷《かいげんる》（大仏を開眼する筆に結ばれた長い紐）は約二〇〇メートルにも及ぶ縹色《はなだいろ》の太い縄紐《なわひも》で、一端に筆が結ばれ、参集した人々はその縷を執ることで、開眼の功徳に浴したという。

奏楽には、日本の古くからの舞だけでなく、唐古楽・唐散楽・林邑楽《りんゆうがく》・高麗楽《こまがく》・伎楽《ぎがく》・度《ど》羅楽《らがく》などの記載もある。「度羅」はビルマ南部の堕羅《だら》とも、済州島のことともいわれ不明だが、中国（唐）・ベトナム（林邑）・高句麗などのアジア諸国を網羅しており、参加した僧侶の出身地の多さを含めて考えれば、国家の威信を示すきわめて国際的な法会であった。そのときに用いられた品々の多くは周知のように正倉院宝物として現在に伝えられている。

仲麻呂邸「田村第」への行幸

この東大寺大仏開眼供養会終了後、孝謙天皇と光明皇太后は平城宮には戻らなかった。この夕、孝謙天皇は左京四条二坊に所在した仲麻呂の私宅である「田村第《たむらてい》」に還御《かんぎょ》し御在所とした（ただし『東大寺要録』には内裏の東宮に入座したとある）。『続日本紀』は天皇の行在所ともなったことから立派な邸宅を意味する「第」の用字を使用する。

『万葉集』には「天皇・太后共に大納言藤原家に幸《いでま》せる日」に孝謙天皇が詠んだ歌がある（四二六八番歌）。秋季と推測される歌が詠まれていることから、滞在は長期であり、光明皇太后も同伴したことが知られる。翌五月には女孺らへの叙位が散見され、田村第で近侍する女官への叙位と推測される。

仲麻呂の田村第については、藤原良継の没伝に以下の記載がある。

太師〔太政大臣〕の押勝〔仲麻呂〕は、邸宅を楊梅宮《やまもものみや》〔平城京の離宮〕の南に造って、宅地の東西に高い楼閣《ろうかく》を構え、内裏と向かい合い、南面の門は櫓《やぐら》のようにした。人々はこ

れを横目で見て憎み、不忠の臣とそしる者もあった。(宝亀八年九月丙寅条)

ここに見える仲麻呂の邸宅が田村第に比定される。父武智麻呂が亡くなった左京の邸宅は、平城京の南にあったので南卿と呼ばれたとあるが(『藤氏家伝』武智麻呂伝)、この「南家」との継承関係は明らかでない。律令の公的注釈書である『令義解《りょうのぎげ》』営繕令私第宅条には「凡《およ》そ私《わたくし》の第宅に、皆楼閣を起《た》てて、人家《じんか》を臨視《りんし》することを得じ」との規定があり、楼閣とは王宮内だけに建てることができ、私宅には建てることが禁止されていた。その公的注釈である「義解」によれば「楼は重屋、閣もまた楼である」と説明され、楼閣とは重層になった高い立派な建物であった。

人々が仲麻呂の邸宅に楼閣が存在することは法令に違反すると認識したため、不忠の臣と詰《なじ》ったのである。おそらく、襲撃に備えて必要以上に防御を固めた造作を行ったのだろう。

楊梅宮はのちの光仁《こうにん》天皇の時代に完成した平城宮内の離宮で、内裏の東の張り出し部に位置した(左京二条二坊に相当)。その南に位置したというのであるから左京二坊で二条以南のエリアが該当し、この辺りにあったといえよう。

おそらく現在の菰川《こも》(田村河)東岸に位置する左京四条二坊東北端の四町(九・一〇・一五・一六坪)ないし一一・一四坪を加えた六町が田村第であったと推測される(岸俊男説)。なお、付近には造東大寺司の長官的地位にあった市原王も居住していた(大日古四―三五〇)。

「田村宮」の表記は、孝謙天皇が後年も平城京の修理を理由として田村第に長逗留《ながとうりゅう》したことや、「大納言の藤原仲麻呂は、大炊王に亡き息子の真従の妻であった粟田諸姉をめあわせ、私宅〔田村第〕に居住させていた。四月四日になって、遂に仲麻呂らは、大炊王を仲麻呂の田村第から迎えて皇太子とした」（廃帝即位前紀）とあるように、大炊王（淳仁天皇）が仲麻呂の田村第に居住していたことなどにちなむ記載であろう。邸宅敷地の南側に大炊王が住んだ田村宮が存在した可能性もある。

3　光明子・仲麻呂体制——聖武上皇・橘諸兄の死

光明子・仲麻呂体制

七五三年三月、大納言従二位の巨勢奈弖麻呂が八四歳で没した（『公卿補任』天平勝宝五年条）。橘諸兄と藤原豊成に次ぐ、当時政権第三位の高官であった。

先述したように仲麻呂の実力を高く評価し抜擢した人物で、民部省では上司と部下の関係にあったように、しばしば仕事をともにした関係でもあった。仲麻呂よりも先任の大納言であり、この長老の死去によって政権内では重要な緩衝役を失うことになる。以後、紫微中台の長官に加えて、政権内では大納言仲麻呂は繰り上がって、義理の伯父左大臣橘諸兄、実兄の右大臣藤原豊成に次ぐ、第三位の地位を占める。

仲麻呂の権勢が強化されつつあったことは、以下のことからもうかがわれる。五月に仲麻呂の家に少納言大伴家持が天皇に奏上する事案を相談するため訪問したときに、少主鈴山《しょうしゅれいやま》田土麿《だのつちまろ》も同行したからである（『万葉集』四二九四番歌左注）。

主鈴の役職は、少納言の指示で公務を行い、御璽《ぎょじ》や駅鈴などの管理を担当する。少納言は天皇に近侍し、これらの出納や小事の奏宣を任務とする。天皇の命令発出に関係した主鈴や少納言らが仲麻呂の邸宅に出入りすることは異例である。

孝謙天皇は前年四月の大仏開眼会以来、しばらく仲麻呂の田村第を行在所としていたことはすでに述べた。当地が内裏に代わって権力の中枢として機能していたことを示す。おそらく仲麻呂は、紫微中台長官兼大納言の資格により私宅で政治の決裁を行っていたのだろう。仲麻呂が孝謙天皇と光明皇太后の存在を背景にして、「枢機の政、独り掌握より出ず」と表現されるように政務を取り仕切っていた様子がうかがわれる。

先述したように紫微中台は、孝謙天皇とそれを後見する光明皇太后による命令を起案する役所であり、仲麻呂はその長官であった。これによって光明皇太后が孝謙天皇の後見役として聖武上皇から一任された権限を背景に、仲麻呂が具体的に取り仕切る「光明子・仲麻呂体制」と位置づけられる。

これに対して、すでに七〇歳となった橘諸兄は政権からは次第に遠ざけられていった。七五四年二月に、大伴古麻呂とともに鑑真一行は来日し、東大寺に迎えられた。そのとき、

「宰相の右大臣、大納言已下《いげ》官人百余人」らが拝礼したとある（『唐大和上東征伝』）。すでに左大臣の諸兄は含まれていない。同年七月の聖武天皇実母、藤原宮子の葬儀に橘諸兄は装束司として参加したが、それが官人としての最後の活動となった。

橘奈良麻呂の謀議

光明皇太后も聖武上皇も、大きな課題であった大仏開眼が七五二年四月に達成されると、目標を失ったかのように病臥する日が増えた。七五五年一〇月には聖武上皇は「健康がすぐれず、寝食の状態がよろしくない」として大赦や殺生禁断を行っている。七五六年四月にも体調不良により大赦したが、結局、五月に没してしまう。

七五五年から七五七年までの三年間、すなわち天平勝宝の七・八・九年は、「年」と表記せずに「歳」と書く。これは、孝謙天皇が「思うところあって」改めたものである（天平勝宝七歳正月甲子条）。おそらく、唐の玄宗皇帝が七四四年に、「天宝三載」と改めたことが、七五四年に帰朝した遣唐使から報告されたためであろう。ちなみに、唐では「載」の記載は七五八年まで使用された。ここにも唐風好みの仲麻呂の意向が反映している。

光明皇太后と孝謙天皇を背景とする仲麻呂派と、聖武上皇を頼みとする橘諸兄派という二つの政治勢力の関係は不安定になっていた。

まさに聖武上皇が亡くなる直前に病臥したとき、橘諸兄の息子橘奈良麻呂は、佐伯全成に対して三度目の誘いをかけていた。

　また去年〔七五六年・天平勝宝八歳〕の四月、佐伯全成が陸奥の金を持って入京したとき、奈良麻呂が全成に言った。「大伴古麻呂と会見したことがあるか」と。全成は答えて「まだ会ったことはない」と言った。このとき、奈良麻呂は「あなたと一緒に古麻呂と会見したい」と言った。

　一緒に弁官の庁舎に行き、会見して語り合った。しばらくして奈良麻呂は言った、「天皇の健康は悪化したまま長く歳月を経ている。余命いくばくもない。いま天下の政治は乱れて、人心も落ち着くことがない。もし他の氏族が新しい天皇を立てることがあれば、わが一族はなすこともなく滅亡するだろう。私の願いは、大伴・佐伯両宿禰の人々を率いて、黄文王〔長屋王の子〕を立て次の天皇とし、他の氏族に先んじて万世を支配する基《もとい》を開くことである」と。

古麻呂が言った、「右大臣〔豊成〕と大納言〔仲麻呂〕はただ二人の人間であるが、勢いに乗じて権力を握っているのだ。あなたが新しい天皇を立てても、人々はどうしてあなたに従うだろうか。どうかそのことを二度と言わないでほしい」と。

　全成は言った、「このことは道に背いたことである。実際に事が成就したとしても、どうして道理にかなった良い評価が得られようか」と。（天平宝字元年七月庚戌条）

佐伯全成と橘奈良麻呂は、遣唐副使として活躍した大伴古麻呂を交えて密談していた。聖武上皇の余命と天下の乱れを説き、もし「他氏」が新しい天皇を立てることがあれば、橘氏は滅亡するであろうこと、大伴・佐伯氏の協力を得て、黄文王を擁立して「他氏」に先んじるべきことを主張していた。

しかし、佐伯全成が退去したのちも、橘奈良麻呂と大伴古麻呂は、なおも弁官の庁舎にとどまったとある。橘奈良麻呂による説得は以後も続いたと考えられる。なお、この段階では、藤原豊成は打倒すべき相手として認識しているが、実際の計画では豊成首班の政権構想に変化していく。

仲麻呂は橘諸兄と親交がある大伴氏嫡流の家持よりも古麻呂を重用し、大伴氏の分裂を図っていた。そのため、おそらくこの段階までは大伴古麻呂は反仲麻呂派ではなく、奈良麻呂とは同心していなかったらしい（鐘江宏之説）。ただし、以後積極的になっていく。反対に、橘諸兄の死去以降、大伴家持は保身のためか橘奈良麻呂の謀議からは距離を置くようになる。

すでに述べたように、この場合の「他の氏」とは藤原氏であり、「藤原氏が新しい天皇を立てるのであれば、橘氏は滅亡する」との意味は、藤原氏の擁立した孝謙天皇および新たな藤原系天皇は認知しないとの主張に他ならない。

極論すれば反藤原氏の主張であり、女帝であることが重要な問題なのではない。仮に光明皇后が生み、夭折した某王のような男性皇太子を擁立しても所詮《しょせん》は「他氏（藤原氏）」が擁立したものであり、「皇嗣立つることなし」との評価は変わらない。したがって、孝謙天皇が女性皇太子だったから反対したとの通説は、本質的な評価ではないといえる。

当初語られていた人民の憂いや望みを謀叛の大義名分とする主張は、最早ここではみられない。露骨なまでに氏族としての存亡と皇位継承を密接に論じることに終始している。

聖武上皇の病臥のたびに、こうした謀議が行われるのは、孝謙天皇や光明皇太后よる執政が聖武上皇による権力委任によるものであったことと、なによりも橘氏にとって聖武上皇が後ろ盾として実態以上に大きく観念されていたことが考えられる（倉本一宏説）。

橘諸兄の辞任

七五五年五月、橘諸兄は多治比国人《くにひと》宅で宴会を催している（『万葉集』四四四六〜四四八番歌）。国人はのちに、奈良麻呂の変に参加し、伊豆《いず》に配流されている。同時期に橘諸兄が息子の奈良麻呂の宅で宴会したとき、大伴家持は同席している（同四四四九〜五一番歌）。おそらく、この頃になると仲麻呂に対する批判と謀議が話された可能性がある。

決定的なのは、一一月に橘諸兄が奈良麻呂の宅で人々を集めて開いた宴会である（同四四五四番歌題詞）。これについては、橘諸兄が無礼な言辞を述べたことが密告されて問題となった。

去る天平勝宝七歳冬一一月に、聖武上皇が病臥したとき、左大臣の橘諸兄の側近に仕える佐味宮守《さみのみやもり》が通報して言上した。「大臣が酒を飲んだ席で、上皇に対して無礼な言葉を申しました。大臣には謀叛の気配があると思われます」と。上皇は優しく心が広く、諸兄をとがめなかった。のち大臣は、このことを知り、翌年に辞職隠退した。

(天平宝字元年六月甲辰条)

この場に、佐伯美濃麻呂《みのまろ》や佐伯全成も参加していたことが、そののちの取り調べで明らかになっている。しかし、光明皇太后の強い願いで、事件の追及は沙汰止《さたや》みとなった。

橘奈良麻呂が再三、決起に誘っていた全成を含む佐伯一族が参加していたことは、通常の酒宴とは異なり、橘奈良麻呂の変に連続する具体的な反仲麻呂的活動の方策が議論されていたのではないか。厳密には橘奈良麻呂宅での宴会であるかは明らかではないが、可能性は高いだろう(木本好信説)。

聖武上皇の病臥していたときの酒宴で、上皇に対して無礼な言辞があったことは、仲麻呂の台頭に対する諸兄の焦燥を示すだろう。密告した佐味宮守は橘諸兄の家政機関たる家令職員とすれば、四等官の大書吏(従八位下)あたりに相当する、あるいは私的従者の資人《しにん》であったかもしれない。密告は、主人に対する不満が存在したか、仲麻呂派に取り込まれていたことが想定されるが、いずれにしても橘諸兄の勢力の衰えを象徴している。

現存しない「田村記」という書物にこの一件は記されている。邸宅名にちなんだ仲麻呂の一代記のような書物だが、ここへの記載は、仲麻呂側の陰謀であったと想定される。橘諸兄は結局、この一件を不問とした聖武上皇の君恩に感謝しつつも、責任を取って辞職する。

この屈辱的な辞任は、息子の奈良麻呂が仲麻呂排斥に動く大きな契機になったと考えられる。緩衝的立場であった父の庇護《ひご》を失うことで、もはや仲麻呂を排除しなければ、反対に自身の身が危うくなる状況となった。

聖武上皇死去の余波

七五六年二月に橘諸兄は辞任し、五月に聖武上皇は死去した。これにより、東大寺大仏に象徴される聖武天皇の時代が一つの区切りを迎えることになった。

政治の実権者として残ったのは右大臣の藤原豊成と大納言の仲麻呂であった。仲麻呂は、温厚で人望のある兄豊成を機会があれば追い落とそうとしていたが、なかなか隙《すき》を見せなかったという。

弟の大納言仲麻呂は政治を司り権力を専らにして、その勢力は大臣豊成をしのぐものがあった。大臣は天性の資質に弘く厚いものがあり、時の衆望の集まるところであったので、仲麻呂は常に中傷しようとしていたが、乗ずる隙を得ないでいた。

（天平神護元年一一月甲申条）

のちに藤原豊成が橘奈良麻呂の謀議に参加したという明確な根拠を仲麻呂側が示せなかったため重罪に問えず、大宰府への左遷にとどまったのも、彼の用心深さを示している。

聖武上皇の死去にともない、遺詔により即日新田部親王の第二子、道祖王《ふなどおう》が皇太子に指名された。時に従四位上中務卿であった。王族とはいえ、聖武天皇の臣下で位階官職を有した官人が皇太子に立てられるのは異例なことである。

父新田部親王の母は藤原鎌足の娘、五百重娘《いおえのいらつめ》で、天武天皇の孫世代では道祖王と塩焼王の兄弟は唯一藤原氏の血を引く王族であった（栄原永遠男説）。藤原系を重視する聖武上皇にとっては、皇嗣としてふさわしい選択と思われた。しかしながら、聖武上皇以外にこれを支持する勢力が存在しなかったことが不幸であった。道祖王は、仲麻呂にしても橘奈良麻呂にしても不本意な人選であり、何より本人が皇太子としての自覚が十分なかったことが問題であった。

不測の事態に備えて東国へ向かう関所を閉める固関《こげん》が行われ、初七日に七大寺に読経させた直後、出雲国守大伴古慈斐《こしび》と内竪淡海三船《ないじゅおうみのみふね》が、人臣の礼を欠き、朝廷を誹謗した罪で衛士府に拘束され、三日後に解放されるという事件が起きた。

大伴古慈斐の没伝によれば、古慈斐が藤原不比等の娘を妻としたため天平勝宝年中（七四九〜七五七年）には、順調に昇進を重ね、従四位上衛門督になる。しかし、突然出雲守に遷《うつ》され疎外されてからは、常に心が鬱々《うつうつ》として過ごした。仲麻呂が、彼を時の政治をけなしていると偽り陥れ、さらに土佐《とさ》守に左遷したという。直後の橘奈良麻呂の変により、そのまま土佐に流罪とされたとある（宝亀八年八月丁酉条没伝）。

大伴氏の嫡流である大伴家持は、この事件の直後に有名な「族《うがら》を喩《さと》す歌」と短歌二首で一族の自重と団結を呼びかけている（『万葉集』四四六五〜六七番歌）。注目すべきは、その左注に、淡海三船による讒言《ざんげん》で出雲守の任を解かれたと記されている。

このように、二人が拘束された理由としては、淡海三船が受けた讒言により大伴古慈斐が連座したと解する『続日本紀』に忠実な説（岸俊男説）、淡海三船の讒言により大伴古慈斐が解任されたとする『万葉集』に忠実な説がある。大伴古慈斐の仲麻呂に対する批判や不満は明らかに存在し（出雲守への出向もそれが原因か）、それを淡海三船が過大に通報した可能性がある。詳細は不明だが、二人が拘束されたことは明らかである。すぐに詔により放免されたことからすれば、嫌疑不十分の不起訴扱いである。

にもかかわらず、仲麻呂により以後も大伴古慈斐にのみ露骨な左遷人事が行われた。大伴氏の立場からは仲麻呂の左遷人事を非難し（没伝の立場）、淡海三船の讒言により陥れられた（家持の立場）、との意識が強かったのではないか。

淡海三船は、のちに仲麻呂の乱ではその退路を断つ活躍をしており、必ずしも仲麻呂に迎合する立場ではなかった。おそらく二人の仲違いから始まった事件を、仲麻呂が大伴氏の勢力を削《そ》ぐために利用したのではないか。大伴家持は、こうした仲麻呂の挑発に対して氏族として暴発しないように自重を呼びかけ、摘発の口実を与えないように注意したのであろう。

この頃、大伴・佐伯氏の私的武力に対抗し中衛大将でもあった仲麻呂は、従来の中衛舎人四〇〇人に加えて、授刀舎人四〇〇人を新たに中衛府が管理することとし、軍事力を強化していた。両派の政治的緊張が、いつ武力行動に発展するかもしれないときにあたり、自己の自由になる兵権を強化するのは当然であった。

聖武の追善供養

七五六年五月二日に聖武上皇が没し、六月二一日には、七七忌（四十九日の法要）が行われ、光明皇太后により聖武上皇の遺品などが東大寺に献納された。現存する正倉院宝物は、このときのものが多くを占める。

東大寺だけでなく法隆寺にも多くの献物があり、天皇の印を捺《お》した文書が紫微中台からいくつか出されている（大日古四－一二一など）。紫微中台を経由した献物関係の文書として以下の六通が知られている。奉勅文言（天皇が許可を与えた文言）の有無で次のように分類が可能である。

A天平勝宝八歳六月二一日東大寺献物帳（国家珍宝帳《こっかちんぽうちょう》）
B天平勝宝八歳六月二一日東大寺献物帳（種々薬帳《しゅじゅやくちょう》）
C天平勝宝八歳七月八日法隆寺献物帳
D天平勝宝八歳七月二六日東大寺献物帳（屛風花氈等帳《びょうぶかせんとうちょう》）
E天平宝字二年六月一日東大寺献物帳（大小王真跡帳《だいしょうおう》）
F天平宝字二年十月一日（藤原公《ふじわらこう》真跡屛風帳）

ABFには奉勅文言がないので、光明皇太后が主体である。CDEには奉勅文言があるので孝謙天皇が主体と解釈される（柳雄太郎説）。

このように、皇太后の内意だけでなく、天皇の勅を奉じるという点が紫微中台の特色である。いずれも仲麻呂を筆頭に紫微中台の官人らが署名している。

夫の遺品の施入という物品の移動命令ではあるが、光明皇太后と仲麻呂を中心とした紫微中台からの文書が中心であり、藤原豊成を中心とする太政官が関与していないことは留意される。

献物帳作成の目的は、聖武上皇が天武天皇以来の嫡系であり、光明皇太后も「積善藤家」（善行を積み重ねる藤原家）と評された直系であること、さらに献物帳に見える「赤漆文欟《せきしつぶんかん》木厨子《ぼくのずし》」の来歴（女帝を含む草壁皇子系の天皇に継承）に示された草壁皇統の唯一の継承者である孝謙天皇の正統性を主張する意図が指摘できる（関根真隆説）。

前左大臣橘諸兄の死去

七五七年正月に橘諸兄が没した。時に七四歳であった（『公卿補任』天平勝宝九年条）。律令の規定では七〇歳を過ぎれば隠居することができたので、致仕《ちし》（引退）する年齢は超えていたが、没したのは致仕してからわずか一年のことである。葬事監護の使者として従四位上紀飯麻呂《きのいいまろ》と従五位下石川豊人《いしかわのとよひと》という四位・五位クラスの者が派遣されている。辞任後とはいえ、左大臣正一位の葬儀としては、少し寂しい扱いであった。

さて、三月に、勅により「藤原部《ふじわらべ》」の氏名を「久須波良部《くずはらべ》」とし、また「君子部《きみこべ》」を「吉美侯部《きみこべ》」に改めている。貴人を本名で呼ぶことは親や主君などのみに許され、それ以外の人間が諱《いみな》で呼びかけることはきわめて無礼であると考えられたことによる。高貴な氏族の氏名《うじな》を庶民が勝手に使用することを禁止し、差別化する措置である。「藤原」と「君」の字を避けて、その用字を改める命令で、中国で父祖の実名（諱）を避ける風習を取り入れたものである。しかしながら、この避諱《ひき》の思想は日本では、それまで十分に制度化されていなかった。鎌足・不比等らへの祖先顕彰、および天皇と藤原氏を同等に扱い、氏族のなかで藤原氏を特別扱いするという仲麻呂の意向がここに反映している。

石津王《いしづ》に対して「藤原朝臣」を賜い、大納言従二位仲麻呂の子とした記事に続けて、この記載があることも留意される。一連の措置が橘諸兄の死の直後に行われたことも重視するならば、おそらく仲麻呂には皇族出身の橘諸兄に対するコンプレックスが存在し、自己の一族を准皇族として位置づけるという願望が存在したのであろう。四字年号（序章）や「歳」の導入（本章）も、則天武后に光明皇太后を擬する意図が仲麻呂にあったとされる。

仲麻呂政権下では、こうした藤原氏を顕彰する政策は以後も散見されるが、この点は、「恵美功臣家」の問題として章を改めて論じたい。

以上のように、聖武上皇、橘諸兄が没した天平勝宝年間（七四九～七五七年）の八年は、光明皇太后の存在を大きな力とし、仲麻呂が急速に台頭し、大きな政治権力を握るようになった時期だった。

第3章　恵美家政権の確立へ——淳仁天皇擁立まで

1　紫微内相への就任——道祖王の廃太子

聖武の皇統意識

七五六年（天平勝宝八歳）五月に道祖王《ふなどおう》は、聖武上皇の遺詔により孝謙天皇の次の皇太子の地位に就いた。

道祖王は天武天皇の孫、新田部《にいたべ》親王の子である。前章で触れたように即位を支持する有力な政治勢力が存在しなかったので、聖武上皇が没するとその立場は不安定なものになった（岸俊男説）。聖武上皇にしても、生前に皇太子を発表することができなかったように、追い詰められた状況での遺言であったことは疑いない。

『日本霊異記《にほんりょういき》』下巻第三八話の記載に拠《よ》れば、聖武上皇があらかじめ大納言藤原仲麻呂を御前に呼び、「朕が子、阿倍内親王〔孝謙天皇〕と道祖親王の二人に、天下を治めさせようと思う」と述べて、仲麻呂に承知させたとある。

仲麻呂が大炊王《おおい》（のちの淳仁天皇）の立太子を考えていたとすれば、こうしたことが事実としてあったとは考えにくいが、「朕が子」とあり、「道祖親王」ともあることからすれば、孫王である道祖王を孝謙ではなく、聖武天皇の皇太子として擬制的親子関係に位置づけていることは注目される。さらに、二人して天下を治めさせようとしていることは、天皇・太上天皇の共治、さらには両者の婚姻も視野に入れた表現と推測される。

一方、『日本霊異記』には「大炊天皇〔淳仁天皇〕と皇后〔孝謙天皇〕」という表現もあり、『続日本紀』には淳仁天皇に対して光明皇太后が「吾が子して皇太子と定めて」と呼びかけ、同じく大炊王を「前《さき》の聖武天皇の皇太子と定め賜い」ともある（天平宝字三年六月庚戌条）。すなわち、大炊王を光明皇后と聖武天皇の子と表現し、孝謙天皇を皇后と位置づけている。婚姻により入婿し、光明皇后と聖武天皇の子に擬制される関係が想定される。これは当時の皇統観念を示すものとして注目される。

孝謙天皇の即位は、しばしば「血統の袋小路」と表現されることが多い。だが聖武天皇は、孝謙天皇をしかるべき男性皇族と婚姻させることにより、皇統をつないでいくことを構想していたのではないか。事実、同じく聖武天皇の娘であった井上内親王も即位はしなかったが、白壁王《しらかべ》（のち光仁天皇）との婚姻により実子の他戸《おさべ》親王につなぐことが想定されていた。

わずか一〇ヵ月での廃太子

八月に天平勝宝から天平宝字に改元されることになる七五七年は、道祖王の皇太子の廃立と橘奈良麻呂の変が起こり、仲麻呂の覇権確立にとって重要な年となった。

三月には「天下太平」の四字が、天皇寝殿の承塵《しょうじん》（天井から塵《ちり》が床に落ちるのを防ぐ布）の裏から発見され、親王と群臣にこのめでたい字が、ことさらに披露された。しかし、この文字は、明らかに皇太子の交替を正当化する伏線として仕組まれたものである。

関係して正倉院文書には七五七年三月二五日付けの「孝謙天皇瑞字宣命案《ずいじせんみょうあん》」が残る（大日古四—二二五）。この断簡《だんかん》は孝謙天皇が「天下太平」という文字が出現したため、このめでたいしるしの意味を明らかにして祝おうと述べる宣言を内容としている。孝謙天皇による宣命の草案で、文書の形として残る最古の宣命草案に位置づけられる。ここでは「天下太平」の四文字が「自生」したので、重大な政治問題が解決したら吉兆の意味を明らかにして祝おうと書かれている。重大な政治問題とは、皇太子道祖王の廃太子問題を意味している。

その経緯を『続日本紀』は、次のように記している。まず三月二〇日、「天下太平」の瑞《ずい》字《じ》が現れた。二二日に親王や群臣らを召して「瑞字」を見せ、当該宣命によれば、二五日には詔して、このことを天下に告げ、近く政治上の異変が発生することを示唆したのである。

三月二九日、皇太子道祖王を廃太子することが突然に宣言された。廃太子の理由は、素行が不良で悔い改めなかったからとされている。具体的には先帝（聖武上皇）の喪中であるにもかかわらず私に侍童《じどう》と不道徳な行為をなし、先帝への服喪の礼を失したことが記されている。

さらに、宮中の機密事項を民間に漏らしたこと、孝謙天皇がたびたび戒めても、悔い改めず、むしろ寵愛《ちょうあい》する婦人の言うことを好んで取り上げるなど、態度が改まらなかったこと、夜中に勝手に東宮を脱けだして私邸に戻ったこと、自分は愚か者で皇太子の重責には耐えられないと述べたこと、なども指摘されている（天平宝字元年三月丁丑・同四月辛巳条）。

孝謙天皇は群臣を招集し、「先帝の遺詔」を示して道祖王を皇太子として廃することの是非を問うた。右大臣の藤原豊成をはじめとする群臣は一致して反対しないことを奏した。道祖王は立太子後わずか一〇ヵ月で皇太子を廃され、東宮から右京の自宅へ帰された。

なお、孝謙天皇と光明皇太后は、右大臣藤原豊成・大納言藤原仲麻呂・中納言紀麻呂と多治比広足・摂津大夫文室珍努《ふんやのちぬ》らとともに宮中で廃太子の策を練ったとある（淳仁天皇即位前紀）。また、光明皇太后は聖武上皇の遺詔を承り、皇位の継承者を議《はか》り定めたともある（天平宝字二年八月庚子条・同三年六月庚戌条）。この謀議は光明皇太后が中心となり太政官の群臣を集めたことが知られる。王権の中枢では、聖武天皇の後継指名に納得していない者が多かったらしい。

先帝遺詔の内容

この孝謙天皇が示した「先帝の遺詔」は、『続日本紀』に散見されるが、総合すれば道祖王を皇太子にするということだけでなく、皇太子や天皇の変更は孝謙天皇の判断に一任されるというものであった。しかし、後半の部分は本来なかった可能性が高い。

当初、示された遺詔は道祖王を皇太子にするというシンプルなものであった（天平勝宝八歳五月乙卯条）。

その後「遺詔の旨」により廃太子が決定され（天平宝字元年三月丁丑条）、その内容は「朕〔聖武〕が立てた人であっても、汝の心でよくない人と知り、自分の目にかなう人を新しく立てることは、心のままにせよ」というものであった（神護景雲三年一〇月乙未条）。

さらに「王を奴としようとも、奴を王としようとも、汝のしたいようにし、汝の後に、帝として位についている人でも、位についた後、汝に対して礼がなく、従わないで不作法であるような人を、帝の位においてはいけない」（天平宝字八年一〇月壬申条）とも説明される。後になるほど内容が増え、明らかに孝謙天皇の皇位継承に対する権限が拡大されている。

聖武上皇の遺詔の内容は、おそらく、「不改常典」法に従った先帝意思（譲位・遺詔・立太子）の尊重を前提とするもので、第一に先帝として道祖王を後継者に指名するので死後も尊重してほしい、第二に聖武上皇が決めた道祖王の即位後は、孝謙天皇が次の皇太子の指名権限を持つ、という二点にすぎなかったと推測される。

孝謙天皇は、次の皇太子の指名権があることを意図的に拡大解釈して、聖武上皇が決めたはずの道祖王の廃太子を自由に決定する権限があると強弁したのではないか。結局、聖武上皇の遺詔が孝謙天皇により覆された結果、先帝意思の尊重を規定した「不改常典」法による即位宣言が以後使用できなくなったと考えられる。

大炊王の立太子

七五七年四月四日、群臣会議が招集され議論の結果、舎人親王の子である大炊王（のちの淳仁天皇）が立太子することとなった。

その議論の経緯は、まず天皇が群臣に、どの王がよいか諮問した。まず右大臣藤原豊成と中務卿藤原永手が道祖王の兄塩焼王を推薦した。次に摂津大夫文室珍努と左大弁大伴古麻呂が池田王（舎人親王の子）を推薦した。最後に大納言藤原仲麻呂が具体的な候補者を挙げずに「臣下のことを最もよく知っているのは君主であり、子どものことを最もよく知っているのは父親である」と言い、天皇の選択に従うのみと答えた。

これに対して孝謙天皇は、舎人・新田部親王は諸王のなかで最も年長である。先に新田部親王の子、道祖王を立てたが、天皇の教えに従わず、みだらな心をほしいままにした。それで、今回は舎人親王の子を選びたい。けれども、舎人親王の子、船王《ふね》は男女関係が乱れ、池田王は孝行に欠けるところがある。また塩焼王は聖武上皇に無礼を責められたことがある（第1章）。ただ大炊王のみが壮年には達していないが過誤悪行を聞かないので、立てようと思う。諸卿の意見はどうかと問い、右大臣以下は「勅命にのみ従う」と奏したという。

立太子が決定すると、ただちに仲麻呂の子、内舎人の薩雄が中衛二〇人を率いて大炊王を迎えに行き、その日に立太子した。

藤原豊成と永手が推した塩焼王は、支持の集まりやすい妥当性のある人選であった（第2章）。大炊王を推す仲麻呂と他の藤原氏一族との意向は一致していない。

一方、この立太子の会議に、橘奈良麻呂は意見を求められていないことも留意する必要がある。光明皇太后の主体的人選による議政官にこだわらない群臣会議であったことが知られる。橘奈良麻呂は、当初から長屋王の子黄文王を推していたが、会議ではまったく考慮されていない。すでに、舎人親王と新田部親王の二系統から候補者を選ぶことは会議の前提であった。

反仲麻呂派の大伴古麻呂は、舎人親王系の池田王を推していた。池田王が謀議に参加していないことからすれば、橘奈良

3-1　天皇の後継と皇統

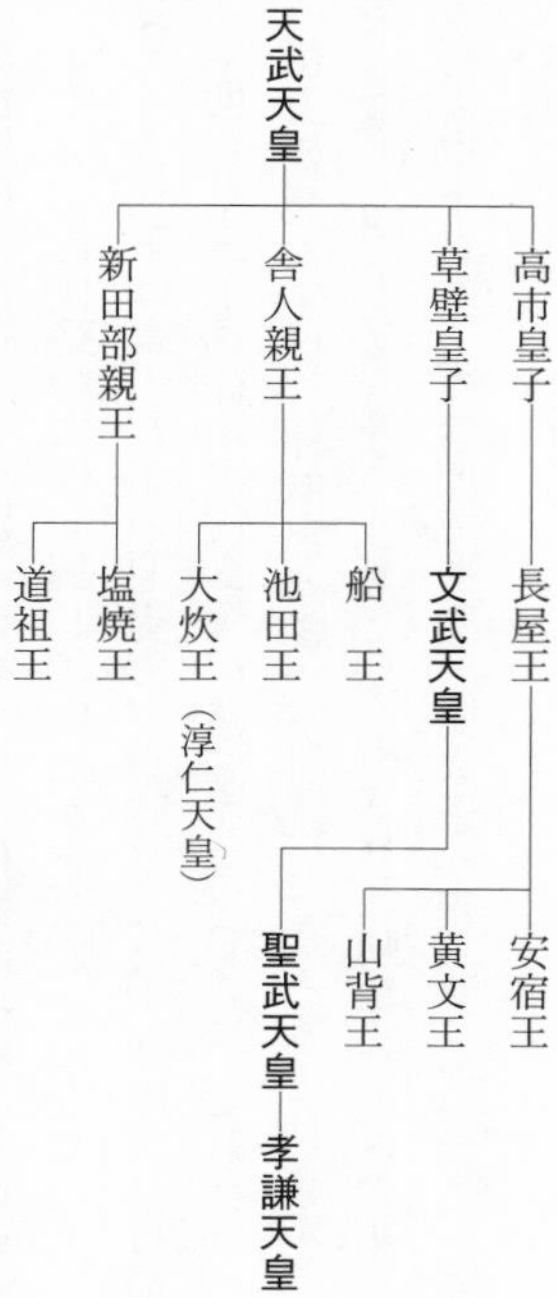

麻呂が終始推した黄文王とは一致せず、大伴古麻呂は、この段階までは奈良麻呂の黄文王擁立による実力行使路線には同調していなかったことになる。

さて、大炊王は舎人親王の七男で、当時二五歳、仲麻呂が以前から私邸の田村第に住まわせ、早世した長子真従《まより》の未亡人粟田諸姉を妻とした。これについてはすでに触れた。

道祖王の廃太子は、仲麻呂が天皇の身内になろうと仕組んだ明らかな交替劇であった。「天下太平」四字の発見は、この日に出された勅に「上天の祐《たす》くる所、神明の標《あらわ》す所」と述べて、大炊王立太子の前兆であり、廃太子が正当であったことを証明するものであると宣言している。

「天下太平」四字の発見によって大赦が行われ、賜物・進位がなされた。「祥瑞」の政治利用は、強引な皇太子廃立に対する反発を和らげるため、神仏により護られる体制であることを示そうとしたものである。

また仲麻呂は、中男《ちゅうなん》と正丁《せいてい》の年齢区分を一歳繰り上げて、一八歳と二二歳とする。このことは民衆に対する税負担の軽減を図り、恩恵的施策により仁政を印象づけるものであった。先帝の聖武も民衆負担の軽減に対して憂慮していたが、軽減策は行われなかったと述べ、聖武による大仏造営による負担増に配慮し、先帝よりも仁政を強調する立場を示している。

さらに、「あらゆる行動の根本は孝にある」という考えから、家ごとに『孝経』一巻を備え読ませ、孝行の人を表彰し、不孝・不恭などの者は東北の城柵《じょうさく》に移配させた。

いずれも四字年号や「歳」の採用と同じく、唐の玄宗皇帝の施策に先例があるが、この頃の仲麻呂の政策には、儒教的な仁政を意識した政策が強くみられる。先述したが、遣唐使の帰朝報告により採用したものであろう。

以後、光明皇太后と仲麻呂による強引な皇太子交替劇は、大伴古麻呂をはじめ反仲麻呂派の結集を促進する。

養老律令の施行と紫微内相

四月の大炊王の皇太子就任後、五月に聖武上皇の一周忌が盛大に行われ、孝謙天皇は平城宮の改築のため、再び仲麻呂の田村第に移御している。光明皇太后が健在の間は、このように孝謙天皇と仲麻呂の関係は良好であった。

同月、祖父の不比等が着手した養老律令を施行するとともに、仲麻呂は紫微内相《ないしょう》に任ぜられ兵事を掌握、大臣に准ずる地位に就いた。

紫微内相とは、従来の紫微中台の長官たる紫微令の行政権的職掌に加え「内外の諸《もろもろ》の兵事」を掌握するもので、本来は天皇のみが持つ軍事大権を分与され、大きな権限を得た。その地位も、従来の大納言から、大臣に准拠することとなり、従二位にふさわしい経済的待遇が与えられた。内相は、鎌足・房前がかつて任じられた「内臣」「内大臣」を明らかに意識した称号である。ちなみに、正倉院文書の「内大臣藤原卿」の表記は、紫微内相を示すことが確認されている（熊谷公男説）。

一方、このとき施行された養老律令は、大宝律令の部分修正版として養老年間に藤原不比等を中心に編纂されていたが、不比等の死去により四〇年ほど施行されていなかった。その施行の意味については後で詳述する。

さらに、五月二〇日に養老律令が施行された直後の「天平勝宝九歳五月二六日勅書」によれば、内大臣（鎌足）と太政大臣（不比等）の名前を名乗ることが禁止され（天平宝字二年六月乙丑条）、「不比等」の名前を連想させる姓の使用を禁止するため、「史《ふひと》」姓の表記が「毗《ひ》登《と》」姓に改められている（宝亀元年九月壬戌条）。同時に御宇《ぎょう》天皇（現天皇）および后などの御名も使用が禁止されており（『三代格』天平勝宝九年五月二六日勅）、天皇と藤原氏を同等に扱うという仲麻呂の意向がここにも確認される。

仲麻呂による新政策は、駅馬の濫用を禁止して駅子《えきし》の負担軽減を命じ、橘諸兄政権期に疫病対策のため地方行政単位の整理縮小を目的として併合されていた、能登《のと》・安房《あわ》・和泉《いずみ》三国の再分立を認めた。これは不比等政権期に行われた諸国の拡大分置政策に復帰するもので、養老律令の施行と同じく、祖父の功業を顕彰するものである。

2　橘奈良麻呂の変——反仲麻呂派の策謀

京内戒厳令の「勅五条」と官人の異動

七五七年六月になると、仲麻呂は反仲麻呂クーデタの動きを事前に察知し、兵部省・五衛府を中心として大幅な人事異動を断行する。

六月九日には、「勅五条」が発布され、平城京内に戒厳令を布《し》いた。その内容は、①諸氏族の氏上《うじのかみ》は、公事以外で勝手に氏人を招集してはいけない、②王臣は養老五（七二一）年の格で定められた以上の馬を蓄えてはいけない（親王および大臣でも最大二〇頭まで）、③個人が保有する兵器は、軍防令で定める以上のものは蓄えてはいけない（弩《ど》などの部隊装備が対象）、④武官以外の者が京内で武器を携行してはならない、⑤京内で二〇騎以上で行動してはいけないというもので、違反する者は違勅罪とされた。

のちに橘奈良麻呂が奈羅（奈良坂）に剗《せき》（関所）を置いたことを人民の憂えとして非難しているが、このときの措置であった可能性がある（天平宝字元年七月庚戌条）。平城京の北側、奈良坂に関所を置き、馬や兵器、兵士の動きを監視したらしい。橘氏の根拠地が南山背（山城への改称は平安遷都後）であったことを警戒するためと考えられるが、木津川から陸揚げされて平城京へ運ぶ重要な交通ルートにあり、関所の設置が物流の障害になったことが想定される。

さらに、クーデタを抑え込むために五月には八〇名に及ぶ叙位が、六月には大規模な人事異動が行われた。

前者は、橘奈良麻呂派への叙位はほとんどなく（塩焼王・賀茂角足《かものつのたり》・小野東人《おののあずまひと》のみ）、親仲麻呂派および中立派に対する懐柔的な性格が強い（野村忠夫説）。

　後者では、兵部卿橘奈良麻呂が右大弁へ降格となり、左大弁大伴古麻呂が陸奥出羽按察使《あぜち》・陸奥鎮守将軍、陸奥守佐伯全成は陸奥鎮守副将軍をそれぞれ兼任する。紫微大忠兼左兵衛率賀茂角足は遠江《とおとうみ》守に退けられた。これらの人事は橘奈良麻呂派とみられていた人々を中央から放逐したいと考えていた仲麻呂による事実上の左遷人事であった。

　一方、仲麻呂派は、紫微大弼《だいひつ》であった腹心の石川年足《としたり》が武官人事や軍事動員に関係した兵部卿に転任した。なお、左・右兵衛督、衛門佐《えもんのすけ》、左衛士佐《さえじのすけ》、右馬頭《うまのかみ》、左兵庫頭《さひょうごのかみ》などの五衛府を中心とする武官ポストも一斉に交替するが、仲麻呂派の武官であったか明らかではない。

　以上のように、仲麻呂は反乱に備えた。さらに仲麻呂は、尋問や告発により犯罪として立件し、橘奈良麻呂派を追い詰めようとする。仲麻呂は父橘諸兄辞任のきっかけとなった事件を再び蒸し返したのである。

　聖武上皇が病臥していたときの酒宴で、上皇に対して無礼な言辞があったことを、上皇が問題視しなかったことはすでに述べた。二年前の事件であり、当事者の諸兄も聖武上皇も死去している。しかし聖武上皇の死後、その場に臨席していた佐伯美濃麻呂を勘問し、事情を知る佐伯全成をさらに追及しようとしたのだ。だが、これは光明皇太后の強い要望で沙汰止みとなった。このことは仲麻呂側の記録「田村記」に詳細な記載があるという。ただし、これらの正確な時期については『続日本紀』からは読み取れない。

『続日本紀』のなかの橘奈良麻呂の変

さて、橘奈良麻呂の変を追ってみよう。この変は、多くの密告情報をもとに機先を制して奈良麻呂ら反対派の一党を捕らえ、断罪により反乱を未然に鎮圧した未遂事件である。この変ののち、大炊王は淳仁天皇として即位、仲麻呂は恵美押勝と称し、やがて正一位大師（太政大臣）の極位極官に昇り、その専権が確立する。

橘奈良麻呂の変を記している『続日本紀』巻二〇の天平宝字元年紀の記載は、他の巻よりも分量が多く詳細である。だが記述は十分整理されておらず、成立までには複雑な成り立ちがあり、取り扱いには注意を要する。これは仲麻呂の評価の変更にともない淳仁朝・光仁朝・桓武《かんむ》朝の三度にわたり編集内容が変更されたためである。

仲麻呂を賛美した淳仁朝（七五八～七六四）の草案（曹案三〇巻）をもとに光仁朝（七七〇～七八一）では評価が定まらないため決定稿が完成せず（亡失したという名目で奏上されず）、桓武朝（七八一～八〇六）に至りようやく完成させている（坂本太郎説）。

橘奈良麻呂の変については、密告および自白の記事が羅列され、重複があり、必ずしも時系列の順に記事が記載されていない（中西康裕説）。全貌については、以下の『続日本紀』の記述を再構成することで復元できる。

A六月二八日甲辰条、B七月二日戊申条、C七月三日己酉条、D七月四日庚戌条、E七月一二日戊午条の五ヵ条である。簡単にその構成を示すならば、以下のようである。

A①橘諸兄の致仕《ちし》（引退）の理由、②山背王の密告記事
B③孝謙の宣命（第一六詔）と皇太后の宣命（第一七詔）——王臣らを許す、④上道斐《かみつみちひ》太都《だつ》の密告記事、⑤巨勢堺麻呂《こせのさかいまろ》の密告記事（六月一六日以前）、⑥仲麻呂側の対応
C⑦小野東人の尋問（六月中）、⑧皇太后の宣命（第一八詔）——首謀者五人を許す
D⑨小野東人の自白記事と関係者の逮捕、⑩安宿王《あすかべ》の自白記事、⑪奈良麻呂の自白記事、⑫佐伯古比奈《さえきのこひな》の自白記事、⑬謀叛関係者の処罰記事（一括記載）、⑭佐伯全成の自白記事（奈良麻呂による過去三回の誘い）
E⑮孝謙の宣命（第一九詔）——変の処分

先述した橘諸兄の引退の理由①や佐伯全成の自白記事⑭は、直接には橘奈良麻呂の変には関係しない前史ともいうべき記事で、すでに述べてきたことでもある。

巨勢堺麻呂と山背王の密告

これらを時系列に再構成すると、冒頭に前史として橘諸兄の宴席での聖武上皇非難の言辞

について関係者の喚問と光明皇太后による制止①が語られる。だがその正確な時期は不明である。次に橘奈良麻呂らの謀叛計画については、すでに六月末までに巨勢堺麻呂や山背王らからの密告があった。

まず、七五七年六月一六日の人事異動以前に右大弁であった巨勢堺麻呂の密告が仲麻呂にあった⑤。巨勢堺麻呂が薬の処方を尋ねるために答本忠節《とうほんちゅうせつ》の宅に行くと、大伴古麻呂が仲麻呂を殺そうとしている人がいることを告げ、古麻呂は小野東人に参加を呼びかけたところ東人は承諾した。忠節はこのことをまず右大臣藤原豊成に告げたが、豊成は大納言仲麻呂は私より歳が若いから、私が言って聞かせるので殺すのはやめるようにと言うのみであった。このことを巨勢堺麻呂は仲麻呂に密告した。

大伴古麻呂は、七五七年四月の段階では、橘奈良麻呂の説得に応じていない。しかし、二人の関係は切れたわけではなく、説得は以後も続いたと考えられる。七五七年四月、大炊王の立太子のとき、大伴古麻呂は舎人親王の子、池田王を推薦した。池田王擁立の望みが消えた以降、橘奈良麻呂の謀議に参加するようになったのではないか。

これによりまず橘奈良麻呂―古麻呂のラインが形成され、さらに小野東人との連携が確認できる。

しかし、答本忠節と藤原豊成は穏健派であり、必ずしもこれに同調していない。巨勢堺麻呂はこのとき、紫微少弼という紫微中台の官人であり仲麻呂派と考えられる。後日この功労により仲麻呂政権下で参議従三位まで昇進している。

藤原豊成は仲麻呂と親密ではなかったが、かといって橘奈良麻呂の謀議に一定の理解を示しつつも、直接には加わっていない。兄という年長者の立場、さらには右大臣という上司の立場から仲麻呂の路線を修正させることで、暴発が押さえられると考えていたらしい（栄原永遠男説）。

答本忠節も聖武天皇の侍医としての功績により叙位されている医師であり、多くの貴族と関係を結べる立場にあったが、明確な反仲麻呂派ではない。藤原豊成を失脚させたい仲麻呂は、答本忠節を介して橘奈良麻呂派との結びつきを強調することで、二人を陥れたと考えられる（福原栄太郎説）。

六月二八日には黄文王の同母弟、山背王が仲麻呂に密告してきた②。橘奈良麻呂が兵器を用意して田村第を包囲することを計画し、大伴古麻呂も荷担しているという。おそらく黄文王が計画を弟山背王に漏らしたのであろう。長屋王の子で、母が不比等の娘であったことから長屋王の変で生き残った安宿王・黄文王・山背王の三兄弟は、奈良麻呂の変に際してそれぞれ異なる行動をとっている。

安宿王は、のちの尋問で黄文王の仲介で事情がわからないまま謀議に参加させられたとの証言をするが嫌疑は晴れず、妻子とともに佐渡《さど》に流罪となる。橘奈良麻呂から擁立候補とされた黄文王は、積極的に活動し弟に計画を持ちかけている。山背王は密告により生き延びようとした。

のちに光仁天皇となる白壁王が、度重なる政変で多くの親王・王が粛清されていくなか、専ら酒を飲んで日々を過ごすことにより、凡庸・暗愚を装って難を逃れたと言われているように（光仁即位前紀）、王族たちの身の振り方は、周囲からの期待と危険視という異なる視線により、明らかに難しい生き方を迫られた。

ちなみに山背王は変後、密告の功績により、三階の昇進を受け従三位となった。さらに母姓である藤原朝臣姓を与えられ、臣籍降下により藤原弟貞《おとさだ》と名乗り、以後も生き延びている（天平宝字七年一〇月丙戌条）。

反乱者たちの目論見――小野東人の自白

一方、小野東人の自白⑨によれば、反仲麻呂派は六月中に密会を三回していた。一度目は橘奈良麻呂の邸宅、二度目は図書寮の庭、三度目は太政官院の庭（平城宮東区の朝堂院）である。三度目は安宿王の自白⑩、および七月一二日の宣命⑮によれば六月二九日の夕方のことである。場所は「太政官院の内」「太政官坊」ともある。

参加者は、安宿王・黄文王・橘奈良麻呂・大伴古麻呂・多治比犢養《こうしかい》・多治比礼麻呂《いやまろ》・大伴池主《いけぬし》・多治比鷹主《たかぬし》・大伴兄人《えひと》らで、その他は暗くてよくわからなかったが、総勢二〇人ばかりであったという。そこでは天地四方を拝み、塩汁を飲んで七月二日の決行を皆が誓ったという。小野東人のみが近親者の葬儀のためか喪服であった。大伴氏が三人、多治比氏が三人いるが、佐伯氏は含まれていない。

その決行計画は総合すると、七月二日の闇頭《よる》（夜）に決行で、精兵四〇〇で田村第を囲み、仲麻呂を殺し、皇太子大炊王を退け、次に光明子の皇太后宮を襲って駅鈴と内印（天皇印）を奪い、右大臣藤原豊成に号令させて孝謙天皇を廃し、道祖・塩焼・安宿・黄文という四人の王から天皇を立てるというものであった。

仲麻呂を打倒することでは一致しているが、誰を後継にするかという事後の構想はまとまっていなかった。この段階でも、結局、舎人親王系の塩焼王と道祖王、長屋王系の安宿王と黄文王という四名が候補者となっている。岡宮天皇（草壁皇子）の日継ぎ継承には執着せず、天武系の子孫で器量のある者を候補としている。反仲麻呂派の擁立候補を最後まで絞ることができなかったことも橘奈良麻呂派の敗因のひとつであった。また、光明皇太后のもとに鈴印が所在したことは、彼女が「皇権」を握っていたことを示す。

こうした計画に連動して、陸奥鎮守将軍の大伴古麻呂が不破関を確保し（上道斐太都の密告④）、賀茂角足が仲麻呂派の高麗福信《こまのふくしん》・坂上苅田麻呂《かりたまろ》・巨勢苗麻呂《なえまろ》ら有力武将を京外の自宅（額田部《ぬかたべ》宅。現大和郡山市額田部北町付近）に招き、挙兵時の活動を封じることが予定されていた（佐伯古比奈の自白⑫）。

橘奈良麻呂の変の時代的意義

橘奈良麻呂の変は実際は未遂だったが、攻撃対象が当時の権力中枢で、内相仲麻呂・皇太子大炊王・皇太后光明子・天皇孝謙だったこと、そして鈴印（駅鈴・内印）の確保という、文書の作成とその交付手段を奪取することが目標とされたことは注目される。

律令制以前には支配は機構化されておらず、生身の王の存在とそこから口頭で発せられる大命がすべてであった。しかし、この段階には抽象化された権力を示す器物の確保が重要視されるようになり、この直後に発生した仲麻呂の乱では、生身の天皇よりも鈴印の争奪が争点となるのは時代を象徴する出来事である。

また反乱計画には精兵四〇〇とあるが、現実には中衛府以下の衛府の兵は基本的に仲麻呂派であり、大伴・佐伯・多治比氏らの私兵が頼みであった。加えて橘奈良麻呂の傭兵《ようへい》となった秦氏《はた》が乱後に遠流《おんる》になっていることからすれば（天平宝字元年八月庚辰条）、彼らを頼っていたことがわかる。

決行直前に、情報が漏れる危険があるにもかかわらず、相手陣営とも言うべき中衛舎人の上道斐太都にも小野東人が誘いをかけた。計画で語られているほどに十分な兵力が集まらなかった状況を示している。

藤原豊成を首班に担ぐ構想も、穏健派の彼は必ずしも同調しておらず、仲麻呂暗殺が成功すれば、おそらく荷担するとの希望的観測に近かった。擁立予定の四人の王にしても、自覚的なのは黄文王のみで、その後の政権構想は十分準備されていなかったのだろう。杜撰《ずさん》な計画で外部に同調者を募ったため、情報が漏れたことが失敗の背景にある。

所詮は個別の氏族的利害を超える十分な大義を示すことができなかったことも理由となる。検挙後に謀叛の理由として橘奈良麻呂は、仲麻呂の無道な政治を挙げ、東大寺造営による人民の辛苦と氏々の憂い、奈良坂に関所を設けたことを指摘する（奈良麻呂の自白記事⑪）。いずれも支配層の合意による事業であり、仲麻呂のみが批判される理由にはならない。父橘諸兄の時代に開始されたことではないかと反論されて答えに窮したとある。支配層の内部争いに人民の辛苦を持ち出す無理が感じられる。

決行日――七月二日

謀叛計画の全貌はこうしたものだったが、これに対して仲麻呂側はどう対応したのか。まず決行日の七月二日に、前月までの巨勢堺麻呂や山背王らの密告をうけ、孝謙天皇と光明皇太后が王臣に対して自重を促す詔③を出している。

孝謙天皇は謀叛の風評に対して処罰せず、慈悲の心で反省を促した。光明皇太后は右大臣以下の群臣を召し入れ、大伴・佐伯氏は武人として朝廷に仕え、大伴氏は自分と親しいので、陰謀を捨て朝廷に仕えよと重ねて自重を促している。仲麻呂が謀叛の証拠を調べ一味を撲滅しようとする立場なのに対して、橘諸兄に対する聖武上皇と同じく穏便に済ませようとしている点が大きく異なっている。

光明皇太后が皇室の長老として孝謙天皇を後見しつつ、口勅により危機管理を担う関係が読み取れる。その核心は皇太后による臨朝と鈴印の保持で、紫微中台を中心に皇太后と天皇の共同意思として運営される体制であった。

天皇と皇太后による不拡大を望む詔により、事態はこれでいったん収束するかに見えたが、その日の夕刻（孝謙の宣命⑮には亥の時〈午後一〇時頃〉とある）、中衛舎人の上道斐太都が仲麻呂のもとに具体的な反乱計画を伝えた（上道斐太都の密告記事④）。このときまで、七月二日の晩こそが反乱の決行日時であることは知られていなかった。

先に少し触れたように、未の時（午後二時頃）になって備前国の前長官であった小野東人が同国出身の上道斐太都のもとにやってきて決起計画に加わることを誘ったのである。しかし、上道斐太都は表面的にはいったん承諾したものの、考え直して中衛府の上司であった仲麻呂に密告して具体化していた事変が露見する。橘奈良麻呂―大伴古麻呂―小野東人というラインが中心になった謀叛計画の風評はあったが、そこからさらに同調者を募る過程で、巨勢堺麻呂や山背王に密告されてしまったことになる。

仲麻呂は、機敏に対応し二日の深夜に、このことを天皇に奏上、平城宮内外の諸門を閉めさせ、腹心の武将であった中衛少将高麗福信に命じて小野東人・荅本忠節らを追捕し、左衛士府に拘禁し、さらに前皇太子道祖王の邸宅を囲んだ（仲麻呂側の対応⑥）。

なお、密告には登場していない前皇太子の道祖王が軟禁されているのは、仲麻呂側が擁立候補に含まれていると認識していたことを示す。翌日、密告には登場していないにもかかわらず召喚された塩焼王も同様に考えられていたらしい。

尋問、再尋問――七月三日、四日

翌七月三日になると、藤原豊成や藤原永手ら八人に、昨夜に捕らえられた小野東人らの尋問を命じているが、東人は無実を主張した（小野東人の尋問⑦）。「事件が発覚してからも、究明に努めようとしなかった」と評されるように、このときの藤原豊成による尋問は手ぬるいものであった（天平宝字元年七月戊午条）。

同夜には、孝謙天皇のもとに塩焼王・安宿王・黄文王・橘奈良麻呂・大伴古麻呂の五人が召喚され、仲麻呂が臨席する場所で、光明皇太后の詔を伝えた。光明皇太后は、謀叛の報告を聞いたが、陰謀はないと信じるとして再び首謀者五人の罪を許し放免した（皇太后の宣命⑧）。五人は南門の外に退去し、深々と頭を下げて光明皇太后のご恩に感謝した。これですべてが終わるはずであった。

しかし、仲麻呂はあくまで謀議の全貌解明を目指した。翌七月四日には、事件に関与している疑いがあるため、藤原豊成を外して藤原永手らに小野東人の尋問を続けさせた（岸俊男説）。「窮問」とあるが、「事はいずれも事実で、〔上道〕斐太都の言葉に間違いない」とあるように、おそらく拷問に屈した小野東人は、上道斐太都の密告の内容を全面的に認めた。前日の藤原豊成による尋問とは異なり、藤原永手の尋問は容赦なかったことが想像される。

ちなみに当時の法律では、容疑が明らかでありながら自白が得られない場合には拷問（拷《ごう》掠《りやく》）も認められていた（獄令察獄之官条《さつごくのかん》）。この尋問により先述したような六月中で三回の密会の様子と、七月二日の決行計画の内容が明らかとなった。そこで、告発された関係者を召喚・拘禁して、順番に尋問が行われた（小野東人の自白記事と関係者の逮捕⑨）。

安宿王は事情を知らずに謀議の場に参加したことを自白した（安宿王の自白記事⑩）。黄文王・橘奈良麻呂・大伴古麻呂・多治比犢養らの自供も、「言葉は異なっているが、内容はほぼ同じであった」。首謀者たちは逮捕に際して、特に抵抗した様子もないことから、あくまで未遂の杜撰な計画を過大に仲麻呂側が問題視して罪に陥れている感がある。

関係者の処罰

以上の密告や自白により事件全貌が解明された結果、関係者の処罰が行われた⑬。しかし、「拷問の杖《つえ》に打たれて死んだ」とあるように、罪状が決定される前に、拷問により獄中で死んだ者も多く記録されている。

すなわち、尋問が終わると皆を獄に閉じ込め、衛府の役人により逆賊の一味を逮捕した。さらに、百済王敬福や船王ら五人が衛府の役人を率いて、獄舎の囚人を護送し、拷問を加えてきびしく問いただした。

その結果、「多夫礼《たぶれ》」（たぶらかす者）と改名された黄文王、「麻度比《まどひ》」（惑い者）と改名された道祖王、大伴古麻呂・多治比犢養・小野東人、「乃呂志《のろし》」（愚鈍）と改名された賀茂角足らは、拷問の杖に打たれ途中で死んだ（答本忠節も同様か）。

安宿王と妻子らは佐渡に配流、信濃《しなの》国守の佐伯大成《おおなり》、土佐国守の大伴古慈斐は、そのまま任国に流された。その他の人々は、獄中で死んだり、法に従って流罪にされたとある。

のちの記載によれば、この事件に直接関係した者と一族で連座した者の総数は四四三人であった。そのうち二六二人は罪が軽いとして戸籍を戻されている（宝亀元年七月癸未条）。未遂事件であり、縁座の者も多く含まれているとすれば、実際に関係した者はそれほど多くなかっただろう。

また、遠江守多治比国人は都に召喚され尋問後、伊豆国へ配流された（謀叛関係者の処罰記事⑬）。陸奥守佐伯全成は、八日に任命された後任の陸奥守藤原朝獦（仲麻呂四男）が勘問し、尋問の後に自殺している（佐伯全成の自白記事⑭）。

なお、このなかに橘奈良麻呂の記載が見られないが、獄死したのではないか（『日本霊異記』中巻第四〇話には殺されたとある）。子孫の記録は残されているので、一族は流罪以下にとどまり、死罪は免れたらしい。のちに橘奈良麻呂の孫の嘉智子《かちこ》が嵯峨《さが》天皇の皇后（檀林《だんりん》皇后）になったため、記録から消されたと思われる。

密告者への叙位

七月五日には、密告者に対する叙位が行われた。山背王と巨勢堺麻呂には三階を加えて従三位、上道斐太都には一五階昇叙して従四位下、県犬養佐美麻呂《さみまろ》には六階昇叙し、佐味宮守《さみのみやもり》には一一階昇叙して従五位下が与えられた。さらに上道臣斐太都には朝臣の姓が与えられている。

密告による功績は、上道斐太都が最も厚遇されている。謀叛の立件で七月二日の密告がいかに大きな意味があったかわかる厚遇ぶりである。同様に、橘諸兄の辞任の契機になった佐味宮守の密告も評価が高いことが知られる。

七月八日には勅により、民間が橘奈良麻呂らの亡魂に仮託してさまざまな流言を流し、村里の人心を騒乱する者を摘発すること、さらに反逆者の自首を勧告している。この措置は、単なる宮廷内部の政争にとどまらず、少なからず社会の動揺を誘う事件であったことがわかる。

翌日には事件で欠員となった左大弁（前任は大伴古麻呂）と右大弁（前任は橘奈良麻呂）の後任人事があり、密告により昇進した巨勢堺麻呂と紀飯麻呂が任命された。さらに二人の前任ポスト（右京大夫と中衛少将）の欠員補充があり、一介の中衛舎人にすぎなかった上道斐太都が従四位下への昇進により中衛少将に抜擢されている。変の密告者に対する論功行賞として、仲麻呂派への露骨な優遇人事が行われた。

兄藤原豊成の左遷

さらに七月九日には、兄藤原豊成の身辺に追及の手が及んだ。三男藤原乙縄《おとただ》が橘奈良麻呂と仲がよかったので嫌疑を受け、変に関係したとして身柄が藤原永手らにより拘束され、一二日に日向《ひゅうが》国員外掾《いんがいのじょう》(定員外の三等官)に左遷された。

同日、兄藤原豊成も右大臣を罷免され、大宰員外帥《だざいのいんがいのそち》(定員外の長官)に左遷された。賊党の仲間に加わり、仲麻呂を恨み、大乱を計画していることを知りながら奏上せず、事件が発覚してからも究明に努めなかったことが理由とされた。

藤原豊成は仲麻呂に対するせめてもの抵抗として、病気を理由に任地に赴任しなかったという。このときの事情については、藤原豊成の没伝に詳しく述べられている。

弟の大納言仲麻呂は政治を司り権力を専らにして、その勢力は大臣豊成をしのぐものがあった。大臣は天性の資質ひろく厚いものがあり、時の衆望が集まるところであった。仲麻呂は常に中傷しようとしていたが、乗ずる隙を得ないでいた。大臣の三男乙縄はふだんから橘奈良麻呂と親しかったが、このことによって、奈良麻呂の事件が発覚した日に、乙縄は仲麻呂に反逆者の一味であると誣告され、日向掾に左遷された。仲麻呂はせき立てて任地に向かわせた。さらに豊成も右大臣から地位を落とされて大宰員外帥とされた。大臣は赴任する途中、難波の別荘に至ったとき、病と称して任地に赴かず、とどまること八年目に、仲麻呂は謀叛を起こして誅伐《ちゅうばつ》されたので、その日のうちに本官たる右大臣に復帰した。（天平神護元年一一月甲申条）

橘奈良麻呂という政敵の排除だけでなく、兄豊成の追い落としにより仲麻呂が紫微内相・大納言の資格で太政官の首座となった。仲麻呂政権の確立である。

変の事後処理

七月一二日には、橘奈良麻呂の変が一段落したことにより、総括的な報告や措置を宣言するため、京畿内百姓の村長以上を集めて天皇による詔が出された。「村長」以上が呼び集められたことは異例の措置であり、この事件が単なる宮廷内のクーデタにとどまらない社会的影響があったことを示している。

このときに、事件の全貌を公表し、陰謀に加わった者たちは死罪にあたるが、罪一等を減じて姓名を易《か》えて遠流にし、陰謀に加わった関係者は出羽《でわ》国小勝《おがち》村の柵戸《きのへ》に配流する措置を発表した。橘奈良麻呂の傭兵となった秦氏らがすべて遠流になったとあるのは、この処置によるらしい（天平宝字元年八月庚辰条）。ただし、首謀者の多くは拷問によりすでに獄死して

3-2　議政官の変遷⑥

仲麻呂体制の開始（757年）	
大納言	藤原仲麻呂（南家）
中納言	藤原永手（北家）　石川年足
参　議	大伴兄麻呂　文室智努 巨勢堺麻呂　藤原八束（北家） 藤原清河（在唐・北家） 阿倍沙弥麿　紀飯麻呂

いるので、遠流の措置はあまり実効性がなかったと評価される。

七月二七日には、名前が挙げられていながら処分が決まっていなかった塩焼王の処置が発表された。彼は、反逆の四人の王に名前があるが、謀議に加わらず、謀議を知らされなかったが、弟道祖王の血縁であるので、連座により遠流にすべきである。しかしながら、功績のある新田部親王の家門を絶やすことはできないとして、今回は罪を免じられた。道祖王が「麻度比《まどひ》」と改名され、獄死したのに対して明らかに軽い処分である。

橘奈良麻呂の変によって天武系の孫王世代が、急速に数を減らし、天武系皇親の枯渇が深刻化していた。おそらく将来の皇位継承を危《き》惧《ぐ》して舎人親王系（皇太子大炊王はこの系統）以外の系統を残す意味で特に許されたのではないだろうか。数年後に、仲麻呂の乱で塩焼王が擁立される伏線として重視しておきたい。

八月二日、孝謙天皇の乳母であった功により宿禰姓を与えられていた山田三井《やまだのみい》宿禰比売嶋《ひめしま》が、橘奈良麻呂の変に関与したため「みはは」の称号と宿禰の姓を剝奪《はくだつ》されて、もとの山田史に戻されている。「今、この事を聞いて、身の毛もよだち、心は深く傷ついた」（天平宝字元年八月戊寅条）との表現は、孝謙天皇の心痛を表現している。

橘奈良麻呂の変の最終的な処置として、八月四日に功績のあった人々に広範な叙位・任官が行われた。特に、石川年足を中納言、密告者の巨勢堺麻呂ら三人を参議とし、仲麻呂派の側近を議政官に取り立てている。

一方、中納言多治比広足は、一族から多くの橘奈良麻呂の変の参加者を出したこと、七七歳という高齢であることから解任された（『公卿補任』天平勝宝九年条）。

すでに退いていた左大臣橘諸兄に加えて右大臣豊成、中納言の多治比広足、参議橘奈良麻呂らが去り、太政官の構成は大きく変動していた（3－2）。仲麻呂は太政官の首座に就き、これまでの紫微中台を拠点に光明皇太后による権力の代行者という立場とは異なる新たな権力基盤を手に入れたことになる。実質的には「光明子・仲麻呂体制」から「仲麻呂政権」への転換が開始されたと評価される。

3 「藤原恵美家」創設と准皇族化

天平宝字の祥瑞、改元の詔

橘奈良麻呂によるクーデタが鎮圧され、処罰と褒賞が一段落した七五七年八月一三日、駿河国益頭郡《ましず》（現静岡県焼津市）の白丁金刺舎人麻自《はくていかなざしとねりまじ》（麻呂）が蚕の産んだ卵が自然に文字を作ったとして、「五月八日開下帝釈標知天皇命百年息」というめでたい文字を献上してきた。

五日後にはこれを祥瑞として、天平勝宝から天平宝字へ改元するという長文の詔が出された。祥瑞を献上した金刺舎人麻自や祥瑞を執り持って参上した駅使の中衛舎人の賀茂君継手《かものきみつぎて》には叙位や賜物がなされた。ただし、祥瑞を奏上しなかった駿河国の国司・郡司らは恩恵の範囲とされず、益頭郡の民に対してのみ租税の免除が行われた。祥瑞を執り持って参上したのが藤原氏と関係が深い中衛舎人であったことや、恩恵的な措置から国司・郡司がことさらに除外されていることから、仲麻呂による演出であったと考えられる。

仲麻呂による宝字改元の演出は、国司や郡司が関与していないことから、中衛府内の命令系統が利用され、中衛舎人の賀茂君継手を通じて、その出身地（あるいは隣接郡）である駿河国益頭郡が舞台として選ばれたことが推定される。また、白丁金刺舎人麻自と中衛舎人賀茂君継手との関係も在地でおそらく密接な関係にあったとみて誤りないであろう。

『続日本紀』によれば、天平宝字改元の詔は大きく分けて三つの部分からなる。

第一に天が三月に「天下太平」の四文字を賜り、朝廷の命運が長く続くことを保証したにもかかわらず、橘奈良麻呂たちは皇室を傾けようとしたが、天の下す呵責《かしゃく》をうけて、罪科に服したため事件は治まり落着したこと。

第二は、蚕児《かいこ》による文字で再び天が国家全平のしるしを下したので、天平宝字への改元を宣言したこと。

第三は、改元にともなう具体的な恩恵的措置が述べられている。恩恵的措置は六項目あり、

①調庸の免除、②官民による賊徒の財産処分、③雑徭《ぞうよう》の半減、④出挙《すいこ》返済の免除、⑤田租の半分免除、⑥祥瑞献上者への叙位・賜物などが実行された。

この孝謙天皇による詔によれば当初、金刺舎人麻自が献上した蚕卵の文字の意味するところは都でも不明とされた。そこで、孝謙天皇は群臣に命令を下して、文字の意味を議論させた。群臣たちは、天平勝宝九歳丁酉の五月八日は、聖武上皇一周忌の悔過《けか》が終わる日で、帝釈天が皇帝・皇后のふかい誠意に感じ、地上界における天皇の優れた仕事をよくみて、天皇の御代が一〇〇年もの長い間つづくことをこの文字は示すのである。したがって、この瑞兆は国家がまったく平らかである象徴であろうと奏上した。

孝謙天皇は、五月八日の五と八の数字について、並べて掛けるならば、天子の不惑（四〇歳）に通じ、五月八日の日と月は、共に明るく、天皇・皇后が宮殿の奥深く永く並ぶ様を象徴する。そこで、天平勝宝九歳八月一八日を改めて、天平宝字元年とすると宣言した。

仲麻呂が仕組んだ演出の疑いが濃厚であるが、聖武上皇の一周忌斎会の終日である五月八日を選んだこと、五月八日の五と八は、掛けると四〇で孝謙天皇の不惑の年齢と対応し、日と月は天皇と皇后を象徴させるなど、学問好きな仲麻呂らしい芸の細かさが指摘できる。

さらに、深読みするならば、日と月は天皇と皇后を象徴し、これが正常な状態であると論じたことで、独身天皇の譲位を婉曲《えんきょく》に天の意志だとして押しつけようとする魂胆も感じられる（表向きは光明皇太后と孝謙天皇の治世を賛美するが、これを日月とするのは不自然）。事実、孝謙天皇が大炊王に譲位したのは、改元からちょうど一年後である（天平宝字二年八月庚子条）。

仲麻呂は、この年一一月一八日の内裏における宴会で、大炊王とともに歌を詠んでいる。

天地《あめつち》を　照らす日月の　極みなく　あるべきものを　何をか思はむ
　右の一首、皇太子の御歌

いざ子ども　狂《たわ》わざなせそ　天地の　堅《かた》めし国そ　大和島根は
　右の一首、内相藤原朝臣奏す　（『万葉集』四四八六・八七番歌）

皇太子大炊王は、橘奈良麻呂のように皇位への不満を抱いてはいけないと詠み、仲麻呂も橘奈良麻呂のようにふざけたまねをするのではないぞと謀叛を高圧的に戒めている。謀叛を鎮圧し恐れるものがなくなった彼らの高揚感が感じられる。

政敵を排除し専制的な権力を握った仲麻呂は、この改元の直後から独自の積極的政策を次々と実施していった。

それは唐の制度を参照した、儒教的政治理念による仁政の実現と言える。民の負担軽減策に始まり、文武両道の奨励策、東国防人の停止、交通の保護政策、地方財政の改革、問民苦《もみく》使《し》の派遣など、七五七年後半から翌年にかけての短期にさまざまな施策が集中して実行され

3-3　藤原仲麻呂の唐風化政策

日　本	唐
754年（天平勝宝6）正月、遣唐副使大伴古麻呂帰国	
年を歳に改める （天平勝宝7歳正月甲子条）	玄宗が「年」を「載」に改める（744） （『旧唐書』巻9、天宝3載正月）
中男・正丁の年齢繰り上げ	玄宗中男・成丁の年齢変更（744） （『旧唐書』巻9、天宝3載12月）
『孝経』一本の家蔵指示 （天平宝字元年4月辛巳条）	玄宗が同姓の老子を祖先崇拝 『老子』一本の家蔵（733） （『旧唐書』巻8、開元21年正月）
養老律令の施行 （天平宝字元年5月丁卯条）	新定令・式・格及事類の頒布（737） （『旧唐書』巻9、開元25年9月）
問民苦使の派遣 （天平宝字2年正月戊寅条）	太宗の観風俗使（634） （『唐会要』巻77、諸使上、貞観8年正月）
『金剛般若経』の書写事業 （天平宝字2年6月より） （大日古13－245・246など）	玄宗による『金剛般若経』天下頒下 （『大正新修大蔵経』49『仏祖統紀』巻40）
孝謙上皇と光明皇太后に尊号奉献 （天平宝字2年8月庚子条）	玄宗が皇帝に加号（748） （『旧唐書』巻9、天宝7載3月）
官号改易 （天平宝字2年8月甲子条）	玄宗の官号改正（713）紫微省 （『旧唐書』巻42、開元元年12月） 玄宗の官号改正（752）文部・武部 （『旧唐書』巻9、天宝11年3月）
758年（天平宝字2）12月、渤海使・遣渤海使入京	
常平倉の設置 （天平宝字3年5月甲戌条）	太宗の常平倉設置（639） （『唐会要』巻88、倉及常平倉、貞観13年12月）
「維城典訓」の必読 （天平宝字3年6月丙辰条）	則天武后編纂『維城典訓』 （『新唐書』59、芸文志儒家類）
貨幣改鋳 （天平宝字4年3月丁丑条）	高宗の貨幣改鋳（666） （『旧唐書』巻48、乾封元年7月） 粛宗の貨幣改鋳（758） （『旧唐書』巻10、乾元元年7月）
不比等・武智麻呂・房前・橘三千代へ封爵 （天平宝字4年8月甲子条）	玄宗皇帝の尊号に大聖祖を加える（743） （『旧唐書』巻9、天宝2年正月）
北京（保良京）の造営 （天平宝字5年10月己卯条）	玄宗が北都を北京と定める（742） （『旧唐書』巻9、天宝元年2月）

出典：山本幸男（2001）を基に筆者作成

た。彼の政治的意欲と力量をうかがうことができ、社会矛盾への負担軽減策による政策的対処という点で共通している（3－3）。

仲麻呂が専制的な権力を握った天平宝字前半期を中心とした特色ある政策については、次章でまとめて論じることとし、以下では政治の流れに沿って、仲麻呂の権力に翳りが見え始める三年後の光明皇太后の死去の直前まで話を進めていきたい。

淳仁天皇の即位

七五八年二月、またしても大和国城下《しきのしも》郡の神山（大和神社か）の藤に瑞字（めでたい文字）が書かれているとの報告が行われた。大学寮の博士に解釈させたところ「天皇が賢人を用い、主要な職に任じるならば、天下太平になる」との意とされた。藤は藤原氏を意味するので、仲麻呂の政治を正当化する目的が読み取れる。

この祥瑞（君主の政治が正しいことを天が示すめでたいしるし）は、同年八月の大炊王即位と仲麻呂の大保（右大臣）就任を導くだめ押しのような予兆として利用されることになる。

七五八年七月頃から光明皇太后は病臥したため、殺生禁断を命令し、功徳のためか官奴婢や紫微中台の奴婢を解放している。さらに、皇太后の治療を担当した人々にも叙位がされている。娘の孝謙天皇は、母の光明皇太后に孝養を尽くすことが退位への理由とされているので、母の病気が退位のきっかけになったと想像される。

八月一日、孝謙天皇は皇太子大炊王に譲位し太上天皇となった。大炊王は即位して淳仁天皇となる。ただし、淳仁天皇は、のちに廃帝とされたので諡号はなく、明治維新後、一八七〇年の追号である。譲位の理由は、母への孝養とともに、在位が長く大任に耐えがたくなったことが挙げられている。しかしこれは、あくまで表面的なものである。

淳仁天皇の即位事情については、仲麻呂は「国に皇位の継承者が途絶えると、人々はあれこれ案ずる」ので皇嗣を定めたと説明し、光明皇太后は、聖武上皇の「顧命」（遺詔）を受けて「皇儲《こうちょ》を議《はか》り定め」、近親者を取らず（草壁皇子系）、疎遠な者を取り立てて（舎人親王系）、心の公正なことを示したとある。淳仁天皇は、光明皇太后が「我が子」として皇太子と定め（前聖武天皇の「皇太子」ともされる）、天皇に即位させてもらったと説明する（天平宝字三年六月庚戌条）。

すなわち、天武天皇の子孫による継承を望むものの、草壁皇子系での継承をあきらめ、傍系での継承を希望した聖武天皇の意向を尊重し、光明皇太后が勧めて孝謙天皇に譲位をさせたと解される。

しかし、即位直後には「人心が定まっていなかった」ともあるように、すぐには舎人系への転換は正統性が認知されなかった。さらに、今回の譲位・即位宣命に先述した「不改常典」法が見えないのは（第2章）、聖武天皇遺詔により示された道祖王立太子という先帝意思が、孝謙による道祖王廃太子および大炊王の淳仁天皇即位により覆された結果、先帝意思による即位を尊重して従来の「不改常典」法が適用できなくなったためと考えられる（原科楓説）。このことも淳仁天皇即位の正統性を弱めていた。

光明皇太后の病気という事情により、正統性の獲得のため時間をかけるべき大炊王の即位が、立太子からわずか一年という短期であったことが、孝謙天皇との関係を複雑にしたといえる。光明皇太后の意向により、傍系たる舎人親王系への安定的移行のため、淳仁天皇は聖武天皇と光明皇太后の「我が子」という擬制的な親子関係で接ぎ木され、孝謙天皇の皇太子とはされなかったことで、実子孝謙の反発を招く要因となった。

仲麻呂の思惑としては、これまで紫微中台を拠点に光明皇太后による権力の全面的な代行者という立場で権力を獲得したが、皇太后は五八歳という老齢で病気がちになると、紫微中台を拠点とした自己の権力もおのずと低下する。自己の影響下にある大炊王を即位させ、太政官の首座という立場で権力を発揮しようと考えたのである。

一方、孝謙天皇としては光明皇太后の意向に従った不本意な退位であるが、天武の直系を自負する太上天皇として、傍流の淳仁天皇を後見する立場ともなり、主体的な活動が可能になった。仲麻呂にとっては、孝謙上皇の存在が病気による光明皇太后の権力低下とともに、不安定かつ危険な要因となってくるのである。

なお、譲位しても太皇太后にならず皇太后のままであったのは、光明皇太后が淳仁天皇を「我が子」と位置づけたことに関係しているらしい。

准皇族へ——恵美押勝

八月二五日になると、仲麻呂が大保（右大臣の唐名）に任じられた。この措置は後述する百官の官号改変と連動している。従来の大納言から右大臣に昇格したことで、紫微中台（紫微内相の後任は欠員となった）から太政官へ権力の重点を移行することが可能となった。

橘奈良麻呂の変が鎮圧され、左大臣藤原豊成が左遷されると、翌年には大保（右大臣）に遷任しており、紫微内相が持つ軍事権は返上されたと解釈される。以後、紫微中台は坤宮官《こんぐう》と改称され、七六〇年の光明皇太后の死去まで長官は置かれていない。

任命の理由として藤原鎌足以来、皇室を輔翼《ほよく》してきたことが中国の「阿衡《あこう》」（宰相）などと比較し称揚されている。諮問された仲麻呂の勲功に報いる名字については、新たに「藤原恵美朝臣押勝」の名が与えられた。皇室に准じて恵美押勝の尊号が与えられたことも、仲麻呂の高貴な意識を満足させるに十分であった。名字の謂《い》われについて、勅には以下のように説明されている。

過去に仲麻呂に匹敵する者はなく、ひろく恵を施す美徳もこれに過ぎるものはない。今より後、藤原の姓に恵美の姓を加えよ。また、暴逆の徒を鎮圧し、強敵に勝ち、兵乱を押し静めたゆえに、名づけて押勝という。朕の重臣のうちでも、卿はまことに尚《とうと》い。それで字を「尚舅《しょうきゅう》」と呼ぼう。さらに功封三〇〇〇戸・功田一〇〇町を給付し、長く代々に伝える賜物とし、特別の勲功であることを表す。また別に鋳銭・挙稲を許し、恵美家の印を用いることを許す。（天平宝字二年八月甲子条）

広く恵を施す美徳と兵乱（橘奈良麻呂の変）を鎮めた功績により、藤原の複姓として恵美を賜い、押勝の名を与えられた。その改姓は、仲麻呂直系の子女に限定され、藤原氏さらには南家のなかでも限られた家筋に限定された。これは天皇に近い准皇族たる尊貴性を意図したと考えられる。

個人への称号が一族に拡散するのは、個人のみを顕彰する意識が我が国では低かったとする見解もある（筧敏生説）。「尚舅」の称号は、淳仁天皇の妻粟田諸姉がかつて仲麻呂の亡男真従の妻であったことから、義理の父すなわち舅に相当することを前提とした称号となる。

先述したように仲麻呂は、亡き長男の寡婦を媒介し、仲麻呂と妻袁比良を「朕の父母」（天平宝字三年六月庚戌条）とした。さらに、「（恵美）家の子は、朕がはらから（同母兄弟）」（同三年六月庚戌条）と呼ばせ、淳仁天皇との擬制的な親子関係により「藤原恵美家」を准皇族として位置づけていた（第2章）。

尊号にともなう特権は、国家に対する功績により戸から出された税物を封主に与える「功封」と、同じく功績により私有が認められた「功田」があり、これは永代収公されない扱いとされた。功封三〇〇〇戸は一国に相当する収入である。すでに祖父不比等は功封二〇〇〇戸を与えられており、それも相続していた。さらに、国家が独占した銭の鋳造権（鋳銭）と、私的に稲の貸し付けをする権利（挙稲）も特に許されている。

当時、私鋳銭も私出挙も禁止されていたので、きわめて異例な特別の恩典であった。恵美家の印は、家政機関の運営に用いられた私印よりも広い用途の公文書に捺される官印として代用する権限を認められたものらしい。

皇親と恵美家

仲麻呂は淳仁天皇を擁立し、擬制的な親子関係により皇親に近い一族として積極的に位置づけた。「藤原恵美朝臣」の氏姓は、天皇とのミウチ的関係を誇示する記号でもあった。

仲麻呂と皇親の関係を示す記載としては、七五七年に石津王に対して「藤原朝臣」を賜い、大納言従二位仲麻呂の子となすという奇妙な記事がある（天平宝字元年正月戊午条）。皇族が臣籍降下して氏姓を名乗ることは、葛城王が橘宿禰（朝臣）になったように、よくある。しかし、臣籍にある特定の人物の養子となることはめずらしい。

石津王については、出自が不明であり、七四九年に無位から従五位下に叙され、七五三年の舎人親王の尊号追贈時（このとき、舎人親王の孫も従四位となっているので、彼の孫王の可能性もある）、従四位下となり、紀伊守に任命されたこと以外の記載がない。以後の活動も不明である。

石津王のその後については、仲真人石伴《なかのまひといわとも》がその後身という説がある（薗田香融説）。藤原御楯のように仲麻呂の娘を妻にしていたため、娘婿として実子と同じ扱いをされていたことが推定される。

仲真人石伴は七五九年に初見し、従五位下からいきなり従四位下へ昇進している。同じときに仲麻呂の子女らが昇進していることも注目される。以後、河内守、遣唐大使、播磨《はりま》守、右虎賁衛督《うこほんえいのかみ》（右兵衛督）、左勇士率《さゆうしのかみ》（左衛士督）などを歴任する。最後は、七六四年九月に仲麻呂子孫とともに悪事に従った者として氷上塩焼らとともに誅殺されたとある（天平宝字八年九月癸亥条）。

官号改易

八月二五日には、百官の名号が仲麻呂らの奏上により具体的に改められた（3－4）。孝謙上皇を含む支配層全体の合意や東アジア諸国の専制化の動向も考慮する必要があるが（河内春人説）、この改正は、仲麻呂の失脚とともに旧に復されており（天平宝字八年九月丙辰条）、基本的には彼の主導による。

三日のちの二八日にはさっそく「左勇士衛督」（旧左衛士府督）の新官職名により署名されていることからすれば（大日古四－二九六）、改正は即日施行されたらしい。改正は、すべての官司官職に及んだわけではなく、一官八省二台二寮六衛の一九官司のみが対象で、省以下の寮司に対しては図書寮と陰陽寮のみが対象となっている。四等官の職名も太政官と中衛府のみが対象であった。太政官と中衛府は仲麻呂が重視する行政・軍事の拠点である。

一方、図書寮と陰陽寮が重視されたのは、やはり儒教経典の重視や、算術が暦法を媒介にして宇宙論を含み、天の意志を知ることで儒教との関係が生じるという仲麻呂の思想によるもので、暦算や儒教を重視する政策と対応する。淳仁天皇の即位時にも、特に暦算生・天文生・陰陽生らにも位一階を授けているのはこうした意向による。

なお七六一年二月に、左京職と右京職を統合して左右京兆の長官として「尹《いん》」を設置したのも同様な政策といえる。

3-4　官号の改正表

太政官	→	乾政官
太政大臣	→	大師
左大臣	→	大傅
右大臣	→	大保
大納言	→	御史大夫
紫微中台	→	坤宮官
中務省	→	信部省
図書寮	→	内史局
陰陽寮	→	大史局
式部省	→	文部《ぶんぶ》省
治部省	→	礼部省
民部省	→	仁部省
兵部省	→	武部省
刑部省	→	義部省
大蔵省	→	節部省
宮内省	→	智部省
弾正台	→	糺政台
左右京職大夫	→	左右京兆尹
中衛府	→	鎮国衛
大将	→	大尉
少将	→	驍騎《ぎょうき》将軍
員外少将	→	次将
左右衛門府	→	司門衛
左右衛士府	→	勇士衛
兵衛府	→	虎賁衛《こほんえい》

この改号は唐の玄宗による七一三（開元元）年や七五二（天宝一一）年の官号改正の先例に倣ったもので、たとえば大臣名称

の大師・大傅《たいふ》・大保は唐で天子の訓導を担当した三師の名前である。文部《ぶんぶ》(式部)・武部(兵部)の名称は、唐の吏部・兵部の改号に倣っている。

一方、八省に仁義礼智信の五常の徳目を用いている。これは渤海で三省の下にあった六部(忠部・義部・仁部・智部・礼部・信部)に倣ったとされる(瀧川政次郎説)。

また本来、官司の格が異なる太政官(乾政官《けんせいかん》)と紫微中台(坤宮官)を乾・坤という天地になぞらえていることは、光明子の皇后・皇太后宮職を母胎とする紫微中台の役割の大きさが知られる。光明皇太后の内意だけでなく、孝謙天皇の勅を奉じるという点が紫微中台の役割で、孝謙とそれを後見する光明皇太后による命令を起案する役所であることから太政官と同格に位置づけられたと考えられる。

しかしながら、仲麻呂が紫微内相から大保に転任することで、淳仁期には皇太后宮職の職務に限定されるようになり権力の中心は太政官に移動しつつあった。

このように官号の変更からは、仲麻呂が重視した官司を可視的にうかがうことは可能である。だが、唐制模倣の形式的なものにとどまり、内容は空疎なものであった。尊号や四字年号への歳の採用、恵美押勝や真楯・御楯・真先などの一族の改名にも同様の傾向が指摘できる。

七五九年五月九日には、五位以上の官人や高僧らに対して、国政上の意見を上奏させている。淳仁天皇と「尚舅《しょうきゅう》」たる仲麻呂がその可否を判断するとあり、六月二二日にその結果が公表された。官人らによる意見は四件が採用された。

たとえば、中納言石川年足は、官司別に細則を分類した「別式」の編纂を提案し、のちに『別式』二〇巻として完成した。

ここでは地方官や僧侶の提案まで採用していることに注目すべきで、法治主義や儒教的仁政、綱紀粛正など、仲麻呂の好む提言が多く採用されている。

なお、国政上の意見を上奏させた五月九日には、唐制を模倣した常平倉《じょうへいそう》と平準署《へいじゅんしょ》の設置もなされている。これは米価の調整を図る倉庫と役所の設置の施策で、米価の安いときに高く買って倉に蓄え、米価の高騰したときに安く売り出すことで、価格の調整を図る目的があった。調庸を都に運ぶ運脚夫が故郷に帰還できないので、諸国に稲を供出させ、京中で安価に販売し、その利潤で運脚の帰還の食料に充てることが行われた。米価を調整する政策は以後も継続されている。

さらに、六月二二日、「維城典訓」と「律令格式」を読む者を史生以上に任用することを宣言した。

「維城典訓」（則天武后が王族の訓戒とするために作らせた書）は政治規範を説いた書である。「律令格式」は支配の基本となる法律で、役人の綱紀を述べたものである。善を勧め悪を戒めることができ、この二書を読む者を役人に登用すると定められた。

ここでは儒教倫理を基本とし、法律を理解する役人により国家が運営されるという方針が示されている。こうした政策は仲麻呂政権の一時的なものではなく、平安期の『延喜式』にもこの規定が継承され普遍性を持つことを示している。

天皇・上皇間の対立――舎人親王系への尊号

淳仁天皇と孝謙上皇との緊張関係は、七五九年六月に淳仁の父舎人親王への尊号問題で表面化する。即位から一〇ヵ月後である。

まず光明皇太后が、淳仁天皇について「天皇であることに日月が重なって」安定してきたので、父の舎人親王に尊号奉献を勧めた。すでに前年の八月に聖武上皇や草壁皇子、さらには光明皇太后や孝謙天皇に対する尊号は奉られている。今度は淳仁天皇の舎人親王系の身内にも同様な措置を光明皇太后は勧めたのである。

すでに、舎人親王系たる淳仁天皇の子孫に皇位は継承されていくことが、「人心が安定していなかった」即位当時とは異なり、正統化されつつあることを意識した発言である。光明皇太后は、淳仁天皇の父舎人親王に天皇号を追号し、母を大夫人《だいぶにん》とし、兄弟姉妹を親王とするように勧めている。淳仁天皇がこのことを孝謙上皇に相談すると、遠慮するようにと反対されたが、光明皇太后からの度重なる勧めにより、追号を決めたとある。

ここで淳仁天皇は、聖武上皇の「皇太子」、光明皇太后の「我が子」と位置づけられたことを強調している。すなわち、孝謙天皇の父母（聖武と光明子）からの正統な譲りにより舎人親王系へ皇位は継承されたことが、追号の根拠となっている。

一方で孝謙上皇としては、自分だけが正統な聖武天皇の「我が子」（実子）であり、草壁皇統中心の位置づけとは明らかに両立できない主張であり、容認できないものであった。この対立を背景に、数年後に「藤原仲麻呂の乱」、より正確には「孝謙上皇の乱」をもたらしたといえる。

結局、六月一六日に淳仁天皇は光明皇太后の許しにより、父の舎人親王に「崇道尽敬皇帝《すどうじんきょう》」、母の当麻山背《たいまやましろ》に「大夫人」の号を追贈した。さらに、淳仁天皇の兄弟姉妹に親王扱いの叙品が行われた。

恵美家のさらなる准皇親化

さらに、このとき仲麻呂の一族や仲麻呂派を中心に臨時の叙位が四〇名ほどに行われた。一人二人の「家々門々の人等（高い家柄の人々）」に叙位すると宣言しているが、その内実は仲麻呂重視であった。「仲麻呂をただの臣下とは思わず、淳仁天皇は、仲麻呂を父、妻の藤原袁比良を母とも思う」「仲麻呂の家の子どもたちは、兄弟同前である」との表現が象徴的である。仲麻呂家の人々を優遇することを忘れはしないとも宣言している。

この追贈や叙位からみえる権力構造は、光明皇太后（さらには大保仲麻呂）と淳仁天皇のラインが、孝謙上皇―淳仁天皇のラインを押し切った形になった。伝統的に「大后」と追号される皇族内の女性尊属が実権を握るが、今回も直系尊属関係にある皇太后が娘の太上天皇よりも上位権力として機能した。

この後、一〇月には、「君」姓を「公」に、「伊美吉」姓を「忌寸」に改めさせている。天子の称である「君」を臣下が避ける儒教的な思想によるが、便乗して「伊美吉」の「美」が、仲麻呂に賜った「恵美」姓と重なるのを避けたものである。先述したように貴人を本名で呼ぶことは親や主君などのみに許され、それ以外の人間が諱で呼びかけることはきわめて無礼であると考えられ、臣下がその名前を使用することも避けられたことによる。

すでに、二年前の七五七年二月に娘婿として実子と同じに扱われた石津王に対して「藤原朝臣」を賜い、仲麻呂の子としたこと、翌月には「藤原」と「君」の字を避けて藤原部を久須波良部とし、君子部を吉美侯部に改めていることはすでに紹介した（第2章）。天皇と藤原氏を同等に扱い、氏族のなかで藤原氏を特別扱いするという仲麻呂の意向が確認できる。恵美一族の准皇親化の傾向は、淳仁天皇の父母同族扱いという今回の措置でさらに強まったといえる。

授刀衛の設置

七五九年一一月には、仲麻呂の授刀資人《たちはきのしじん》（帯刀を特に許された身辺警護の資人）が二〇人増員されて四〇人となった。かつて、不比等（三〇人）や武智麻呂（三人）も賜っていたように権力者の象徴でもある。七六二年五月にはさらに六〇人が増員され一〇〇人とされている。

個人に与えられる授刀資人とは別に、天皇身辺を警護する授刀舎人も存在した。七二八年に設置された中衛府が聖武天皇の身辺警護であったのに対して、皇位継承を視野に入れ、のちの孝謙天皇となる阿倍皇太子の身辺警護のためである。

七五六年七月には、中衛府の管理下に一〇〇人増員された中衛舎人四〇〇人に加えて、「授刀舎人」四〇〇人を置いた。そして七五九年一二月になり、授刀舎人を統率する組織として新たに「授刀衛《じゅとうえ》」が設置された。淳仁天皇（鎮国衛）と孝謙上皇（授刀衛）それぞれに近侍する目的で、分立したものらしい。

授刀衛の長官（督）は、当初、仲麻呂の娘婿藤原御楯が任命されており（天平宝字五年正月壬寅条）、中衛府とともに仲麻呂の武力的な基盤となっていた。しかし七六四年六月、藤原御楯の死去を契機に授刀衛は孝謙上皇派の武力拠点となっていく。仲麻呂の乱では授刀衛の官人たちが活躍することになる。

大師任命——皇族としての地位

元日朝賀で渤海使らの拝賀を承《う》けた翌日、七六〇年正月二日に淳仁天皇は田村第に行幸した。この正月二日の行幸は、平安期の朝覲《ちょうきん》行幸に近い。朝覲行幸とは、正月二日から四日の間の吉日を選び、天皇が父母の太上天皇や皇太后に新年の挨拶をする行事で、儒教における親への孝行を実践するものであった。

淳仁天皇は、仲麻呂を父、妻の藤原袁比良を母とも位置づけており、まさに京内に住む擬制的な父母の邸宅へ天皇が新年に行幸するという点では朝覲行幸といえる。

正月四日には、孝謙上皇と淳仁天皇の臨席のもと、仲麻呂に従一位が与えられ、さらに孝謙上皇の口勅により大師（太政大臣）に任命された。

大師任命は孝謙上皇が淳仁天皇臨席の場で宣命の形で発表し、のちに淳仁天皇から正式な手続きで任命されるという複雑な形式が取られて、上皇・天皇が承認する王権の共同意思という形式を踏んでいる。

仲麻呂は、すでに五五歳で、当時としてはすでに老境に入っていた。発兵や固関の権限を有する随身契《ずいじんけい》も与えられた。太政大臣は適任者がいなければ置かない重要な官で、不比等は幾度も辞退し、ようやく死後に贈官されている。仲麻呂が左大臣を経由せずに就任したのは、不比等の先例を意識したらしい。

太政大臣は従来、高市《たけち》皇子のように皇族のみであり、人臣の例はなかった。しばしば辞退したとあるが形式的なもので、皇族しかなれない大師への任命は、准皇族を志向する立場からすれば、皇族として扱われたことを象徴的に示す地位として重要であり、仲麻呂の虚栄心を満足させるには十分な地位であった。光明皇太后の健康悪化を見越して、自己の地位を強化する措置であったとも解せる。

同時に、自派の中納言石川年足を御史大夫《ぎょしだいぶ》（大納言）、文室智努を中納言、藤原真楯を大宰帥としている。五日にはさらに、天皇と上皇は再び仲麻呂の邸宅に行幸し、妻の袁比良に正三位を与えている。

このときが仲麻呂の絶頂期ともいえる。だが、その栄華も永くは続かなかった。権力の源泉であった光明皇太后の死が目前に迫っていたからである。

第4章　仲麻呂の政策——七年間の大変革

1　儒教政治と唐風化——遣唐使・渤海使情報の活用

仲麻呂による五つの政策

前章まで時間の流れに沿って藤原仲麻呂の生涯を語ってきたが、本章では中川収氏の説を参考にしつつ天平宝字前半期（七五七から七六〇年。天平宝字改元から光明皇太后の死去まで）を中心に全面展開された藤原仲麻呂の政策を分類しつつ見ていく。

仲麻呂の政策を大きく分類すると、大きくは五点にまとめられる。

第一には、儒教による政治であり、儒教理念に基づく安民策や負担軽減を志向する仁政の実現がある。

第二には、儒教政治とも重なるが唐風化政策が挙げられる。同時代の中国における則天武后（六二四～七〇五）や玄宗（六八五～七六二）などの政策を遣唐使や渤海使から情報を得て、いち早く現実的な政策に応用している。

第三には学問を重視した政策立案や官人育成、綱紀粛正がある。これは仲麻呂の青年期の学問形成と対応し、暦算や儒教・法律を中心とする学問が応用されたものである。

第四には功臣家としての藤原恵美家を強調し、皇親化政策に進めたことである。「積善藤家」（善行を積み重ねる藤原家）の語に代表される先祖の奉仕を顕彰することで、朝廷の国家第一の臣下という立場をまずは強調する。さらには、天皇と藤原氏を同等に扱い、それは氏族のなかで藤原氏を特別扱いする准皇親としての立場に発展する。

第五には東北経営と新羅征討計画など対外的関係の積極策である。特に新羅征討計画は、新羅に対して朝貢を強制する日本を上位と観念する礼的秩序の強要が軍事的発動計画に発展したものである。

儒教政治

まず第一の儒教政治である。律令という法運用の前提として、儒教を理念として位置づけ、生活安定や負担軽減を志向する立場である。その政策は、七五七年の大炊王立太子時や同年の橘奈良麻呂の変後に頻出する。具体的には4－1の通りである。

その前提には七五七年五月の養老律令の施行がある。不比等顕彰の意味もあるが、法令の改訂により諸政策が開始された点で重要である。これらは律令制の活性化策でもあり、理念

4－1　藤原仲麻呂の主要政策（新羅征討・東北経営を除く）

757年	4月 中男・正丁の年齢を改む（民中7）。5月 能登・安房・和泉国分立。養老律令施行。8月 雑徭を30日以内とす。大学寮等に公廨田を置く（民下7・9）。閏8月 東国から西国に防人徴発地域を変える。10月 諸国公廨稲の配分を定む（延暦交替式38）。11月 学生・医生らの必読書を定む（延喜式）
758年	正月 問民苦使を任ず。5月 大宰府の公廨を正税に混合。7月 耆老の年齢を定む（民中8）。9月 国司交替の期を定む。10月 国司の任期を6年、史生の任期を4年とす
759年	5月 常平倉・平準署を置く。6月 史生任用に「維城典訓」・「律令格式」を必読とする（式上61・延喜式）。9月 調価の平準化
760年	正月 巡察使を任ず。3月 万年通宝など三種の銭貨新鋳
761年	8月 国司の貪濁を戒む
762年	3月 諸国不動倉の鍵を太政官が管理（延暦交替式26）。9月 悪政国司の交替命令（刑部20）

註記：「民中」などは弘仁格の編目
出典：中川収（1991）・関根淳（2013）を基に筆者作成

としては人口増加や生産力の強化により民の生活安定に資するものである。

具体的施策としては、中男と正丁の年齢区分を一歳繰り上げて、一八歳と二二歳としたことがある。民衆に対する税負担の軽減策である。駅馬の濫用を禁止しているのも同様である。また家ごとに『孝経』一巻を備え読ませ、孝行の人を表彰し、不孝・不恭の者を東北の城柵に移配させるが、これは儒教理念の実践である。

さらに、渡来人に姓を許すことも「聖化を慕う」（王の徳に従う）とあり、王化《おうか》に帰した者を恵む仁政といえる。無姓や族姓の解消政策と合わせれば、氏姓の秩序外にあった者たちを組み込むことで、氏姓秩序の拡大・再編を試みたと考えられる（伊藤千浪説）。氏族秩序の再編という意味では後述する「氏族志」の編纂と同じ政策といえる。

天平宝字の改元時には、調庸の毎年諸国一郡の免除などと並んで、雑徭を六〇日から三〇日に半減している。これらは、民衆の負担軽減による生活安定策といえる。

七五八年正月には「民の苦しみを巡り問う」ため問民苦使《もみくし》を広域行政区画たる道《どう》ごとに派遣した。当時の議政官の子弟・近親者らが任命されている。人民の苦しみを問い、貧乏と疾病の徒に恵み、飢寒に苦しむ者に施しをするのが目的で、民衆に対し為政者が慈しむ心で接する儒教的な「撫」や「仁」が強調されている。七六〇年設置の巡察使の職掌に「民の患苦を親しく問う」（天平宝字四年五月戊申条）とあるように、後述する巡察使に問民苦使は含まれ、唐の「観風俗使」に倣った唐風化政策でもある。

巡察使

七五八年一〇月には、「吏は民の本なり」（役人の管理が民政の基本）であるとして、養老令の施行と連動して国司の任期を六年に延ばした（任官希望者が多い諸国の下級事務役人たる史生の任期は六年から四年と短くなる）。さらに、不正がないように三年ごとに巡察使を派遣して、国司の政治を調査させる方式を採用した。

巡察使自体は律令に規定された臨時の官職で、天武朝から実例がある。巡察使も唐の太宗の先例に倣ったものである（『唐会要《とうかいよう》』巻七七、諸使上、貞観一二年正月）。国司の任期に合わせ三年間隔で派遣することに仲麻呂政権下の特色がある。七五四（天平勝宝六）年・七五八（天平宝字二）年・七六〇（同四）年とほぼ三年ごとに例があるが、七五八年は問民苦使として派遣されている。

巡察使の派遣の重点は、「臨時に量《はか》り定む」（職員令太政官条）と規定され、毎回異なっていた。七六〇年の場合には、民情視察のほか、私的に開墾しながら租を納めていないため没収された「隠没田《おんぼつでん》」の摘発が主目的とされている（天平宝字三年一二月丙申条）。

七六〇年正月に「民俗を観《み》て、便即《すなわ》ち田を校《かんが》えしむ」という目的で七道の巡察使が任命された。五月には国司とともに疫病流行により食料を与えている。一一月には、七道の巡察使が摘発した勘出田《かんしゅつでん》（巡察使の調査により発覚した税未納の田）は、「政は民を養うに在り」という立場から、課役を負担する全輪正丁（成人男性）に与え、残りは貧しい家に貸し与えている。これは公民らが耕作する公田を拡大均分し、貧民の生活を維持させる政策であった。

七五七年から七五九年にかけてのわずか二年ほどの短期間で、多くの政策が実践されていることは驚異的であり、仲麻呂の意図した施策が全面開花している。これらの施策は律令制の原則を維持しつつ、数字や運用の変更により安民策や負担軽減策を実現したものである。多くの政策が、仲麻呂の失脚後も平安期の諸法典に継承されて、空疎な理想的・観念的な政策ではなく、社会と制度の緊張関係によるきわめて現実的な政策であった。

新銭鋳造

七六〇年になると、正月の巡察使派遣以外には、三月の新銭鋳造を除くとめぼしい政策がなくなる。金銭の開基勝宝《かいきしょうほう》、銀銭の大平元宝《たいへいげんぽう》、銅銭の万年通宝《まんねんつうほう》の三種を新たに発行し、これまで流通した旧銭和同開珎に対して、それぞれ一〇〇〇倍、一〇〇倍、一〇倍の価値を付与した。

新銭に一〇倍の価値を付与することは、唐の貨幣改鋳（六六六年の乾封泉宝《けんぽうせんぽう》、七五八年の乾元重宝《けんげんちょうほう》・重輪乾元《ちょうりん》）に倣ったものである。金銭・銀銭についても唐の開元通宝に先例がある。七五八年の改鋳情報は渤海経由で獲得した可能性がある。

私鋳銭が多く流通し、真贋《しんがん》が混在する状態になったので、新しい銭貨を発行して私鋳を禁断するのが目的とされたが、混乱回避のため、新銭と旧銭（和同銭）を併用させようとした。

銀銭については、かつて和同銭にも存在したが、すでに流通は停止されていた。銀銭大平元宝の実物は未発見であり、金銭開基勝宝は西大寺《さいだいじ》境内から合計三二枚が発見されている。金銀銭の実例が少ないことや出土場所からすれば、必ずしも流通を主なる目的とはしていなかったらしい。

負担軽減策を推進するなか国家の収入は減少したことが想定されるが、一方で東北経営や新羅征討計画、平城宮の改造・北京保良京《ほら》（平城京の北、近江に淳仁天皇が置いた都）の造営などに、大きな支出も予想された。おそらく、その差額を補塡《ほてん》する目玉政策として改鋳が位置づけられたと考えられる。名目は私鋳銭の排除だが、実際は一〇倍の価値を新銭に付与することで、財政上の差益を図ろうとしたものである。また金銀銭の発行により中国に匹敵する高度な文化国家であることを示そうとしたとされる（江草宣友説）。

しかしながら、凶作・疫病・飢饉とも重なり、新銭発行の頃から物価が高騰した。先に述べた常平倉が、上京する役民の食料対策として設置される。冬期に京の市で飢える人が多く、それは上京した運脚が故郷に帰ることができず都市貧民化したためである。

このように、常平倉は貢納物を運搬する力役民の救済策として諸国に設置され、京中の穀価安定は副次的であったが、次第に都市民救済策へと重点が変化していく。

国司政策

七六一年八月には国司の勤務態度を改めさせる勅が、前年正月に任命された七道巡察使の報告により出されている。その内容は「政を施すに、仁にあらず」（国司の政治は仁ではないため処断された）など、孝・忠・礼・仁といった儒教的徳目に照らして国司の活動を非難している。仲麻呂の儒教政治を典型的に示すものである。

七六二年三月には、諸国不動倉《ふどうそう》（非常用の穀物倉庫）の鍵を太政官が管理すること、九月には悪政国司の交替命令が出されている。これらは国司の行動を取り締まる先例として法律化され、基本的に平安期の法典に継承される有効法となっている。

仲麻呂による儒教政治の実現は、これまで学界では理念的あるい唐制模倣の評価が強かったが、近年では、一過性の政策ではなく、新羅や渤海を視野に入れれば東アジア的な動向と密接な関係があり、かつ中国を模範とする文明化の大きな画期として評価される（木本好信・吉川真司説）。

唐風化政策

第二の仲麻呂による政策の特徴である唐風化政策を具体的に見てみよう（前章3－2参照）。同時代の唐で行われた政策、とりわけ則天武后や玄宗の時期のものがきわめて短期間で採用されている。形式的な模倣の政策だけでなく、ほぼ同時代の政策を遣唐使や渤海使の報告から情報を得て、いち早く現実的な政策に応用している。

一方、第一の儒教政治とは重なる部分が多いが、儒教的な政策は同時代の中国ではなく、夏《か》や堯舜《ぎょうしゅん》など古典的時代を規範としている。その内容は、何度か言及してきたが官号改易や四字年号・「歳」表記の採用である（『爾雅《じが》』釈天篇によれば年号をあらわす「歳」や「載」の用字は伝説的な夏や堯舜の時代に用いられたとする）。

天平以降、天平感宝・天平勝宝・天平宝字・天平神護・神護景雲などのいわゆる五つの四字年号が採用された。これについて仲麻呂がどの程度関与していたかは明らかではない。

少なくとも仲麻呂の失脚後も変更がないこと、天平末年の天平感宝への改元時に仲麻呂は、まだ正三位式部卿にすぎず、橘諸兄や兄の藤原豊成よりも下位にあった。このことから次のような説がある。六九五年以降に則天武后が天冊万歳・万歳登封・万歳通天などに改めたことに倣ったもので、仲麻呂の示唆かもしれないが、光明皇后の意向とするのが自然である（林陸朗説）。仲麻呂失脚後も四字年号が続くのは、称徳《しょうとく》天皇が母の意向を尊重し、聖武朝の延長として天平を含む年号を使用したためと考えられる（松尾光説）。

一方、七五七年の天平宝字の改元にあたって、仲麻呂が深く関与していたことは先述した。「歳」の採用も「天宝三載」など唐の玄宗皇帝の施策に先例があり、仲麻呂の意向と考えられる（第2章）。二官八省の名称を中国風に改めた官号改易も仲麻呂らの上表によっている（第3章）。

尊号奉献

この時期には尊号奉献も、玄宗の施策に倣ってしばしば行われている。尊号奉献とは、君主やその祖先など、国家や社会でその遺徳の顕彰や哀悼の祈念を込めて贈られる尊称をいう。

すでに述べたように七五八年八月の孝謙天皇の譲位、淳仁天皇の即位の当日には、百官・僧綱による上表があり、提起された尊号が承認される。

さらに、淳仁天皇が光明皇太后の許しにより、草壁皇子の例に倣い、非即位の父舎人親王に尊号を追贈している（第3章）。これらは、生前（孝謙天皇・光明皇太后）と没後（聖武上皇・草壁皇子）の違いはあるが、いずれも特定の人物に限定された固有な称号である。

中国では、唐代の高宗・武后期に「天皇」「天后」の使用が契機となった。八世紀の玄宗皇帝期には特定の個人に対して生前に与えられる形式が常態化したという（戸崎哲彦説）。玄宗に対しては、在位中に「開元神武《しんぶ》皇帝」（七一三年）から始まり、たびたび与えられている。（『新唐書』）。尊号を頻繁に変化させるのは、その地位の正統性を示すもので、皇帝の持つ徳の高まりが在位の長さに比例すると観念されたからである。

唐代には臣下からの請願を皇帝が検討し、形式的に何度かの辞退があるのが一般的であった。地位を示す称号と個人を対象とする称号の混在が中国にあり、これが日本にも影響を与えたと考えられる（筧敏生説）。

藤原朝臣仲麻呂の姓に「恵美」の二字を加え「押勝」と改名し（天平宝字二年八月甲子条）、不比等に「淡海公」の称号（天平宝字四年八月甲子条）を与えたのも類似の尊号といえる（岸俊男説）。『公卿補任』養老四年条に見える藤原不比等に対する「文忠公」の称号もこの頃であろう。

なお神武《じんむ》以降、歴代の天皇漢風諡号《しごう》の決定について、淡海三船が勅により撰したとある時期も（『釈日本紀』私記）、仲麻呂政権期の七六二年から七六四年に想定されている（坂本太郎説)。天皇に二字の漢風諡号を奉献することは、仲麻呂失脚後も空白期はあるものの現在まで続いている。

避　諱

尊号だけでなく皇帝の実名を避ける避諱《ひき》の制度も中国から導入である。中国では古来、親や君主などの目上にあたる者の諱《いみな》(本名)を呼ぶことはきわめて無礼なことと考えられ、特に皇帝およびその祖先の諱については、臣下がその諱を口にしたり書いたりすることは慎重に避けられ、中国律では罰則規定も存在した(職制律上書奏事犯諱条)。そのため、避諱に触れる文字を含む人名や地名があったときには適宜諱にあたらない名前に改められた。たとえば、唐では太宗の李世民《りせいみん》の「民」を避けて、役所の名前「民部」を「戸部」に改めている。

一方、日本では律令制以前には、豪族の私的な従属民に対して「大伴部」「蘇我部」などの名前が付けられおり、藤原氏(旧姓は中臣)も配下に「中臣部」や「藤原部」を持っていた。仲麻呂は、中国的な避諱により、君主号や氏族名を名乗ることを禁止し、尊貴性を高めようとしたのである。

日本律には継受されなかったが、仲麻呂は藤原氏の祖先顕彰や藤原氏の准皇族化と関連させて避諱を強調した。七五七年三月には、藤原氏と君主を意味する「君」の字を避けて「藤原部」を「久須波良部」とし、王族の部民を意味する「君子部」を「吉美侯部」に改めたことはすでに触れた通りである。

藤原仲麻呂の乱以後も、天皇・皇后の名前を避ける規定は、平安期にも有効法とされ「弘仁格」に継承されている（『弘仁格抄』）。避諱の思想自体は以後も存続し、たとえば光仁天皇の名「白壁」、淳和天皇の名「大伴」などが避けられ、地名や姓が「真壁」や「伴」に改められている。大伴氏が改名させられ伴氏になり、伴善男《よしお》などと名乗るのはこれによる。

仏教政策、官人任用

七五八年七月には、光明皇太后の病気回復を意識して、朝廷の安寧、天下太平のために『金剛般若経』三〇巻を国ごとに書写し、国分寺・国分尼寺に置き、転読させている。『金剛般若経』は全一巻なので、三〇巻は三〇部（セット）を意味し、国分寺（僧二〇人）・国分尼寺（尼一〇人）の僧尼合計三〇人全員に備えさせた。経典には読誦・書写・思索による諸功徳が説かれており、除災招福、鎮護国家などに有益であるとされた。

唐の玄宗乾元元（七五八）年に『金剛般若経』を天下に頒布したとあり（『大正新修大蔵経』四九『仏祖統紀』巻四〇）、渤海経由の情報として伝えられた可能性がある。

また仲麻呂は、七五八年六月より二度にわたり『金剛般若経』を書写させている（大日古一三―二四五・二四六など）。光明皇太后の病気平癒を目的とした天平宝字二年六月一六日紫微内相宣による『金剛般若経』一〇〇〇巻（部）の書写と、八月一六日紫微内相（大保）宣による同じく一二〇〇巻（部）の書写である。

前者のテキストには新来の漢訳経典が使用されたらしい。『金剛般若経』の書写事業が、玄宗による施策の模倣とすれば、これも唐風化のなかに位置づけられる（山本幸男説）。ここでは仏教による文明化の志向が確認される。

学問重視の姿勢

第三の学問を重視した政策立案や官人育成、綱紀粛正についてである。

まず代表例として七四三年の墾田永年私財法の導入である。新たに開かれた墾田からの収入増により、聖武天皇が望んだ大仏造営を可能にする財源を捻出《ねんしゅつ》する。民部卿仲麻呂が得意とする計数により導き出した独創的な政策と評価できる（第1章）。

さらに七五七年一〇月に公廨稲《くがいとう》の配分割合を定めた。公廨稲とは、本来は稲を貸し付けて利息をとる出挙により得られた諸国の行政財源のことをいう。このときから、当該年度の不足分を解消し、次に費目ごとの支出に充て、残余が出た場合に、国司に傾斜配分する財源となった。国司が不正に公廨稲を得ていたことを正し、諸国の財源を確保する目的があった。七四五年に定められた国の大小による費目ごとの数量（論定稲《ろんていとう》）もこの時に改訂している。論定稲とは、それまで正税の出挙額は国によって大きな差があったことを改め、毎年各国が出挙にまわすべき正税の量を示すものである。

以後諸国の財源は、不足の補塡や国司得分となる公廨稲と行政財源となる正税（論定）稲に二分され、別枠で出挙されるようになった。この公廨稲と論定稲という基本的枠組みは平安時代まで継承される。こうした方針により翌七五八年五月には大宰府の公廨稲一〇〇万束が十数万束まで官人により浪費されているので、残った公廨稲運用の適正化を命じている。

同時に、災害時に窮民に与えられる備荒貯蓄の義倉（食料）について、国ごとに運用が異なっている弊害を述べ、資財額による上上から下下までの九等戸基準により、戸を等級付けする方式を用い、中中戸以上から義倉を出させ貯蓄量の増加を図っている。この規定も、平安期の『延喜式』まで基本的に継承されている。

正税（論定）稲・公廨稲・義倉など諸国の主要財源の運用を定めたことは、仲麻呂の事績として評価される。これらの政策は、いずれも細かい数字の設定により運用が可能となる。算道を学んだ仲麻呂の主導した政策と考えられる。そして、現実的な対応策であることから、平安期にも多くの部分が継承された。

官人の育成

官人育成も学問重視の表れである。七五七年八月、礼楽の重視により大学・雅楽の二寮、国家の要として陰陽・典薬の二寮と内薬司《ないやくし》に、役所の経費をまかなう田を与えた。ここでは他の官司が一〇町程度なのに対して、大学寮が三〇町である。これは学生の衣食に対する補助を重視しているためである。数日後には、文官だけでなく武官の六衛府（中衛府・衛門府・左右衛士府・左右兵衛府）にも騎射《きしゃ》・歩射《ぶしゃ》など武芸奨励の財源として田が与えられた。

一一月には算科が暦科に吸収され、暦生・算生の教科書を統一、暦算科として陰陽寮の管轄下に置かれて暦博士が算師の養成を担うようになった。教師への謝礼支払いや、諸国博士医師の請託による任用禁止も同時に命令されているが、これも学問を重視し、不正を嫌う仲麻呂の策といえる。また翌七五八年の官司の唐風への改名にあたり八省以下では儒教経典を保管した図書寮と暦算生を養成した陰陽寮のみをその対象としたことはすでに触れた。

七五八年八月の淳仁天皇の即位時にも、特に暦算生・天文生・陰陽生らにも位一階を授けている。七五九年一一月の淳仁天皇大嘗祭では、算・陰陽・天文・暦などの学生らに対して、とりわけ手厚い賜物がなされている。

さらに七六三年には先述したように儀鳳暦《ぎほうれき》を廃止して最新の大衍暦《たいえんれき》に改める。仲麻呂は陰陽師大津大浦《おおつのおおうら》を重用した。彼は陰陽道の家柄で、仲麻呂に非常に信頼されて事の吉凶を占っていた。大津大浦は仲麻呂から謀叛の吉凶を問われ、災いが自身に降りかかることを恐れ、そのことを孝謙上皇側に密告した人物である。仲麻呂は単なる算術計算ではなく、明らかに陰陽や暦算を重視していた。

七五七年一一月、諸学生に中国から来た最新の教科書の学習を官人採用の条件に位置づけた。一方、七五九年六月には下級事務官の史生任用で「維城典訓」と「律令格式」を必読書としている。それは養老律令の施行、「別式」の編纂などを前提とした一般官人向けの規定といえよう。

七五八年二月、大史局（陰陽寮）の奏上により、『九宮経《くくうきょう》』によれば来年は厄年なので、それを防ぐため「摩訶般若波羅蜜《まかはんにゃはらみっ》（多《た》）経」を念誦させている。仲麻呂が重視した陰陽寮の学問による防災策といえる。七六一年には、再び大史局の奏上により、淳仁天皇の小治田岡《おはりだのおか》本宮《もとのみや》への遷宮が決定している（天平宝字五年正月癸巳条）。仲麻呂の陰陽寮重視であり、重要な政策が陰陽寮の提言により決定されたことは注目される。

2　父祖三代の顕彰――『藤氏家伝』と養老律令

功臣としての藤原氏

第四の特色は自らの祖先の顕彰策である。それは単に先祖の奉仕を顕彰するにとどまらず、仲麻呂一族（藤原恵美家）の特別扱いと表裏の関係にあることが重要である。

たとえば、仲麻呂が大保（右大臣）に任じられたのは、「近江大津の内大臣」（藤原鎌足）以来、皇室を翼輔してきたことが中国の「阿衡」（宰相）などと比較し称揚されている。「積善藤家」（善行を積み重ねる藤原家）を自認する藤原氏のなかでも鎌足・不比等らを輩出した功臣家の直系である南家、とりわけ仲麻呂一族が国家第一の臣下であることを示そうとしている。

さらには第３章で述べたように、天皇と藤原氏を同等に扱い、准皇親的な扱いにまで進む。後述するが最後には、仲麻呂の子どもを親王扱いし、独自に「今帝《きんてい》」（新たな天皇）を擁立することに及び破局を迎える。

七二九年の長屋王の変までは、高市皇子のような壬申の乱の功績（壬申年功）が最大の国家的な功績として評価されていた。だが、以後は「乙巳年功」（鎌足）、「修律令功」（不比等）が国家に対する「大功」として評価されるようになる（天平宝字元年一二月壬子条）。

鎌足の功績評価は、①孝徳朝での難波朝廷への奉仕（慶雲四年四月壬午条）、②天智朝の近江令編纂（天平宝字元年閏八月壬戌条）、③皇極朝の乙巳の変（天平宝字元年一二月壬子条）のように、鎌足の死後に重点が変わり、乙巳の変での評価は、仲麻呂執政期以降に定まった。

これは、大きな国家政策の転換に対応する。つまり知太政官事任命に象徴される天武系王族の尊重（太政官の総括者として天武天皇の子孫が任命される慣行）や「壬申の功臣」たる大伴氏や東国外五位郡司層の優遇（壬申の乱で活躍した東国豪族には准貴族としての外五位が与えられた）から、忠実な律令官僚で准皇族たる藤原氏への重用に変わり、聖武天皇の王権強化と律令制の充実という方向に転換したのである。

功臣たる鎌足・不比等の功績に対して与えられた「功封」五〇〇〇戸は藤原氏の重要な経済的基盤となっていった（慶雲四年四月壬午条・天平一三年正月丁酉条・宝亀元年一二月庚戌条）。

「故太政大臣藤原朝臣家」の功封五〇〇〇戸は、最高位の氏上的人物が一族を代表して管理するが、南家や北家ではなく藤原氏全体のために用いられる建て前である（橋本義彦説）。ただし、私見だが、功臣に与えられた家産と家政機関は、氏上的地位にある人物に代々継承され、一代限りで収公される位階・官職に基づく家産と家政機関とは区別され、同時並存が許されていた。両者の家政機関が融合された、いわば「二階建て構造」と想定される。

たとえば、藤原不比等の死後、「故太政大臣」の職田・位田・封戸（養戸）は官に没収するとの記載があり（天平四年二月戊子条）、不比等の右大臣正二位という位階官職に基づく職田（三〇町）・位田（六〇町）および食封（職封二〇〇〇戸・位封三五〇戸）がこの時点で没収されている。これは一代限りの家政機関により運営され、この時点で解散されたと考えられる。これに対して「故太政大臣藤原朝臣家」の功封を管理する家政機関は以後も氏上的人物（七四一年の時点では光明皇后）に継承されたと考えられる。

長屋王家や藤原氏に認められた「功封・功田」の経営は、変乱での活躍や法律整備が評価され「功臣」の子孫として国家的に承認された。律令制の例外的規定ながら合法的な存在であったと考えられる。他の皇族や諸氏族が律令の規定により位階・官職に基づく経済的基盤に限定され、一代限りでの収公という厳密な運用がなされたことを考慮するならば、その分「功臣」に対する国家的優遇は大きかった。

仲麻呂および『藤氏家伝』に象徴される鎌足・不比等についての情報操作＝「功臣伝の創

出」は、単なる名誉ではなく実利的な側面（恵美家の藤原氏内部での本宗家扱い、および太政大臣・近江国司・功封などの世襲化）を含めて評価する必要がある。

仲麻呂の課題は、ポスト壬申の乱体制の構築であり、それが藤原氏の地位強化につながることを認識していた。

さらに述べるならば、従来の通説は、基本的に仲麻呂により創出された功臣たる鎌足・不比等像に従ってきた。だが、仲麻呂による祖先顕彰を除いて考える必要がある。必ずしも藤原氏は当初から有力な氏族ではなく、律令を熟知した有能な官僚としての藤原氏の抜擢や藤原系天皇の擁立など、王権側の選択により権力を獲得したことを強調しておきたい。

鎌足・不比等・武智麻呂の顕彰

仲麻呂による藤原鎌足・不比等の顕彰は七六〇年頃に成立した『藤氏家伝』に象徴される。だが、これ以外にも仲麻呂らが作成したものがある。七五六年六月の「東大寺献物帳」にみえる「黒作懸佩刀《くろづくりのかけはきのたち》」の項目に付された由緒書きは、藤原不比等を皇位継承に関与したキングメーカーとして位置づける。

「東大寺献物帳」は、光明皇太后が聖武上皇の冥福を祈り、願文と上皇にまつわる品々を東大寺に献上したときの記録である。多くの献上品のうちに、この刀についての記載があり、元来は草壁皇子が愛用のもので藤原不比等に下賜され、不比等は草壁の嫡子軽《かる》皇子（のちの文武天皇）が即位するときに献上した。文武天皇が死去したときに再び不比等に下賜され、さらに不比等が没すると文武の嫡男首《おびと》皇子（のちの聖武天皇）に献上されたと記されている。この「黒作懸佩刀」にまつわる伝世は、草壁・文武・聖武という草壁皇子の嫡系に限定された継承を象徴するものとされ、さらに藤原不比等が皇位の継承について草壁皇子から後事を託されたものと解釈される。しかしながら、この文書を文字通りに信用することはためらわれる点が多い。

まず、この文書が作成された時期はまさに仲麻呂の権力が確立した時期だからである。「東大寺献物帳」の署名の筆頭に、彼が署名している。藤原不比等の事績顕彰は、光明皇太后や仲麻呂の時代に集中的に行われており、鎌足とともに始祖として偶像化された側面が否定できない。

少なくとも草壁皇子が没し、判事に任命される持統朝の六八九年以前の藤原不比等の政治的立場は、藤原姓が鎌足子孫に限定されず中臣氏にも用いられ、中臣大嶋や意美麻呂が氏上的地位にあったように過大評価できない。「東大寺献物帳」の「黒作懸佩刀」の由緒も、不比等を顕彰する必要から仲麻呂による潤色が加わっている可能性が高い。

不比等が編纂した養老律令の施行（天平宝字元年五月丁卯条）や鎌足・不比等の名前の使用禁止（天平宝字二年六月乙丑条）、不比等に近江一二郡を封じて「淡海公」とし、継室橘三千代に贈正一位大夫人、武智麻呂・房前に贈太政大臣の称号授与（天平宝字四年八月甲子条）、宮子や光明子の墓を、天皇に准じて山陵とし忌日に国忌斎会《こきさいえ》を行う（同一二月戊辰条）、などの顕彰策も同様である。

『藤氏家伝』の「武智麻呂伝」に近江守としての事績が豊富なことと合わせるならば、「淡海公」授与も、一族による近江守独占を正統化するものであり　鎌足・不比等に比較して、事績の乏しい父武智麻呂の顕彰も南家が嫡流であることを誇示するものと考えられる。いずれも仲麻呂の治世でこうした顕彰が行われているのは、恵美家の藤原氏内部での本宗家扱い、および太政大臣・近江国司・功封などの世襲化を歴史的に正統化する情報操作に他ならない。

単なる功臣ではなく、皇室の外戚とも位置づけられた太政大臣藤原不比等を前提として、父と叔父への贈太政大臣を仲麻呂が差配する構図が確認される。

仲麻呂による祖先顕彰の真意は、自身も功臣・皇室の外戚として位置づけるものである。『藤氏家伝』の「鎌足伝」で皇極《こうぎょく》（斉明《さいめい》）天皇の評価が低いのも、同時代史としての孝謙天皇の位置づけと無関係ではなく、淳仁天皇への譲位を意識したものと評価される。

『藤氏家伝』の編纂

本書でたびたび言及してきたが『藤氏家伝』という書物がある。上下二巻からなり、上巻は「鎌足伝（大織冠《たいしょくかん》伝）」で、鎌足長子の「貞慧《じょうえ》伝」が含まれ、下巻は「武智麻呂伝」である。合わせて『家伝』とも称される。上巻の筆者は冒頭に「太師」すなわち藤原仲麻呂とあり、下巻は冒頭に「僧延慶」とある。

延慶は、七五三年に鑑真を大宰府に案内し（『唐大和上東征伝』）、翌年鑑真が入京したときには通訳をしている（『東大寺要録』所引『大和尚伝』）。七五八年、僧であるため外従五位下の爵位を辞したが、勅命により位禄・位田は没収されなかったとあり、出家以前に叙位されていたことが知られる。

上巻の末尾には、鎌足墓碑の銘文が別巻として付属し、鎌足には二子の貞慧と史（不比等）がおり、不比等については別に伝が存したとある。不比等伝については、「淡海公伝」として存在した（『二中歴《にちゅうれき》』・『本朝書籍目録』）。始祖鎌足から恵美家に至る直系的系譜を顕彰しようとする仲麻呂の意図からすれば、彼による「淡海公伝」編纂の可能性は否定できないが（「淡海公」の追贈は七六〇年）、その正確な成立年代は不明である。

少なくとも平安時代後半までには、「鎌足伝（大織冠伝）」と「武智麻呂伝」を合わせて、『家伝』と呼ばれていた（『権記《ごんき》』『扶桑略記《ふそうりゃっき》』『東大寺要録』）。ただし、鎌倉期成立の『本朝書籍目録』には「藤氏伝記一結」とともに、「大織冠」「淡海公」「武智麻呂」などの伝が独立巻としても存在している。

真偽と意図

「鎌足伝」の成立年代は、仲麻呂が「従一位太師」であった年代、すなわち、仲麻呂が従一位大師になった七六〇年正月四日以降、正一位となった七六二年二月二日までのほぼ二年間に限定される。さらに「武智麻呂伝」には太政大臣を贈られたことが言及されていないので、武智麻呂が贈太政大臣となる七六〇年八月七日以前となり、七六〇年にほぼ限定される（坂本太郎・横田健一説）。したがって、仲麻呂政権の絶頂期に祖先顕彰の目的で執筆されたと想定される。

「鎌足伝」には、『日本書紀』と同文の箇所があり、密接な関係が想定される。一方で、独自な記載もあり、『日本書紀』との関係の濃淡が学界では議論されてきた。本書では、「古記」のような独自のまとまった伝記史料が存在したとするのではなく、出生記事や葬送記事を除けば基本的に先行する『日本書紀』を参照しつつも、仲麻呂独自のアレンジを大幅に加えた作品と考えておきたい（矢嶋泉説）。「鎌足伝」は、そうした性格により史料批判が必要となる。

たとえば、鎌足が軽皇子（のちの孝徳天皇）から中大兄皇子に支持を転換した時期は、「鎌足伝」では軽皇子が大事を謀るに器量不足であると判断して、すでに乙巳の変前夜からとして予定調和的な書き方をしている。しかし、これは疑わしい。

『日本書紀』では軽皇子の天皇即位が「民望に答う」という理由により鎌足の進言によって進められ、これが「大臣の本意」であったとする。矛盾した行動である。鎌足は、入鹿が「君臣、長幼之序」を失っていることを批判している（『日本書紀』皇極三年正月乙亥条）。それにもかかわらず直後に軽皇子より年少の中大兄皇子に鞍替《くらが》えしているのは言行不一致である。孝徳天皇の側近として「内臣」に任命されている点や、孝徳朝末期に中大兄皇子が孝徳天皇と対立し飛鳥へ帰還した直後に、鎌足へ紫冠《しかん》と封戸が与えられたとあり、これが孝徳による措置とすれば、孝徳の存命中は鎌足との良好な関係が維持されている。鎌足は孝徳期後半以降に支持を変えたとするのが合理的である。

「鎌足伝」には兵法書「六韜《りくとう》」を諳《そら》んじた話がある。しかし、これはすでに『漢書』張良伝に見える。また「鎌足伝」には蹴鞠《けまり》による中大兄皇子との出会いや、姉妹の取り替え話がある。実はこれらにも中国や朝鮮に類似の話が存在する（『三国史記』新羅本紀文武王上）。「鎌足は私〔天智〕にとって漢の子房〔張良〕のような信頼するに足る存在である」とも直接的に表現されるように、中大兄皇子を高祖劉邦に擬し、鎌足を太公望や張良のような王佐の軍師に擬している。

こうした『日本書紀』にない部分は、仲麻呂が、英雄・名君と側近の軍師・忠臣が王朝交替を成し遂げるというモチーフを強調している。鎌足は、中国の伊尹《いいん》・太公望・張良・諸葛孔明のような存在として描かれている。

また、皇極天皇には政治的求心力がないため、「王室衰微」し、君主による政治ができなかったとの否定的な評価は、『家伝』が執筆された当時の孝謙天皇に対する仲麻呂のイメージが投影しているのではないか。

「武智麻呂伝」は、近江守の記載など、七一六年の式部大輔就任までの記載が詳しいが、以後は簡略化されている。長屋王の変などについても言及されていない。『続日本紀』をほとんど参照していないことも指摘されている。漢詩も和歌も残さず、病により判事を退職したと「武智麻呂伝」に記載せざるをえなかったのであろう。

先述したように病弱で凡庸な父の武智麻呂に対し、弟で仲麻呂の叔父にあたる北家の祖、房前とセットで太政大臣を追贈（天平宝字四年八月甲子条）しているのは、自己の大師（太政大臣）としての地位を正当化するものであったと考えられる。

『家伝』が強調する要素は、藤原南家、藤原氏と天皇家の関係、近江国と近江朝廷、外交・漢籍・仏教などである（佐藤信説）。先にも触れたが、『家伝』には、天智天皇と鎌足が政治を行った近江朝廷の時代を礼儀や律令が整備された理想的な時代とする意識があり、儒教政治や唐風化はその理想の時代の発展として意味づけられる。そして祖先が与えられた内臣・内大臣の継承を、藤原氏のなかでも恵美家のみに限定し、自身の内相就任からさかのぼって顕彰しようとした。

「氏族志」の編纂——氏から官人家単位へ

「氏族志」の編纂も、藤原恵美家を中心とした氏姓秩序の再編が目的であった。

奈良時代、天平勝宝年間（七四九～七五七年）以前は、有力氏族が代替わりごとに「本系」を提出していた（「日本紀私記」弘仁四年甲本）。本系とは系譜である。そして、七六一年には仲麻呂の主導により各氏族から提出された「本系帳」をもとに「氏族志」編纂がなされる（『姓氏録』序文・中臣系図）。「撰氏族志所」という編纂機関が置かれ、改姓記事がこの頃見えないことから、系譜編纂作業が進行していたことが推定されている。

重要なのはこれより先、七五八年に仲麻呂が藤原姓に加えて「恵美」姓と「恵美家印」の使用が許可されている点である（天平宝字二年八月甲子条）。「恵美」姓の使用は、仲麻呂（押勝）本人とその子に限定されており、氏としての「藤原」よりも狭い「官人家」（役人の出身母体としての家）の姓として使用されている。おそらく仲麻呂は、恵美家が鎌足以来の藤原氏のなかでも嫡系であることを主張するため、「氏族志」とはあるが実質的には官人家を単位とする編成に改め、その中心に「恵美家」を置こうとしたものと考えられる。

奈良時代後半のこうした変化は、旧来の代替わり・氏ごとの本系提出政策からの転換であり、官人家を単位とする編成に改める政策であったと想定される。従来の「記紀」伝承を前提とした「天降之績」に加えて、官人的功績たる「当年之労」を加味する原理的転換が天武朝に行われ（『古語拾遺』）、さらに新たな転換がこの時期に行われたわけである。

氏から官人家単位での把握への移行は、天武朝以来の官人的功績を示す「当年之労」が原則として氏単位だったものから、狭い官人家を単位とするものに限定されていくことを示す。「当年之労」が、どのように評価され、記録されたかについては、「有功之家」から提出された「功臣家伝」が注目される（坂本太郎説・林陸朗説）。官人的功績たる「当年之労」を評価された「有功之家」からは「功臣家伝」の提出を求め、式部省がそれを撰集している（『令集解』職員令式部省条）。各氏が持つ氏の系譜・伝承を記載した家牒・氏文・家記などを素材として本系帳が正式な書類として進上された（関口裕子説）。「功臣家伝」はこれを基礎に個人伝として作成され、正史の改氏姓や薨卒《こうそつ》伝に反映した。氏と家の区別は曖昧となっている。

国家的功績としての功は、高市皇子らへの「壬申年功」を中心に始まり、やがて仲麻呂政権下で養老令編纂に関与した藤原不比等を意識した「修律令功」へ、さらに「大化改新」に関与した藤原鎌足を意識した「乙巳年功」へと拡大していった（序章）。「乙巳年功」をことさらに強調するのは仲麻呂の時代からである。国家有功の対象が当初の天武皇親から藤原氏へ変化していったのである。

養老律令と国史編纂

他方で、仲麻呂による不比等の事業継承という観点でいえば、先に述べた養老律令の施行と国史編纂事業が指摘できる。七〇一年に制定された大宝律令を修正した「養老律令」の施行と『日本書紀』に次ぐ二番目の正史となる『続日本紀』の草稿編纂などは、一貫した仲麻呂の思想的産物であった。

養老律令は、「養老年中に朕が外祖故太政大臣（不比等）が勅命により編集した」と特筆されているように、大宝律令の部分修正版として養老年間に藤原不比等を中心に編纂されていた。だが、不比等の死去により四〇年ほど施行されていなかった。その施行が不比等を顕彰する目的だったことは明らかである。官人の位階が高くなりすぎて、ふさわしい官職に任命することが困難になったので、官人の位階昇進のサイクルを延ばすことが表向きの理由とされている。

不比等の功臣としての評価は、大宝・養老令編纂という「修律令功」とされたことと連動している。不比等は大宝令編纂メンバーとして、大宝令の「撰令所」で「令官」（令に詳しい役人）として参加し、条文の講説や疑義の解消に応じ解釈を確定させた（早川庄八説）。「鎌足伝」には、鎌足も近江朝廷で礼儀や律令を整備したと特筆されている。仲麻呂も養老令の「新令講所」で条文の公式解釈を述べているように（早川庄八説）、法典の整備は、藤原氏の存立基盤でもあった。条文解釈の定着という意味では、養老律令によってようやく法典が安定的解釈を獲得し完成したと評価される。

『続日本紀』の完成は七九七年であるが、天平宝字年間（七五七〜七六五年）に、『日本書紀』以降の正史が編纂されていた。

『日本書紀』は不比等が直接編纂に関与した明証はないが、不比等政権下に編纂されている。仲麻呂が、『日本書紀』に続く正史編纂を計画した可能性は高い。正史編纂は中国を意識した高度な文明化の成果物として評価されるからである。

譜第主義——名門の家柄を尊重

仲麻呂の進めた政策として、父祖の顕彰や恵美家の皇親化だけでなく、皇位継承や郡司の選考でも「譜第」主義や嫡子直系的な継承を理想とする政策も行っている。「譜第」主義とは、「才用」と表現される能力主義と対比され、任用で代々続いた名門の家柄を尊重する立場である。

皇位継承については、先述した「東大寺献物帳」に記された「黒作懸佩刀」にまつわる伝承により、草壁－文武－聖武という草壁皇子の嫡系に限定された系譜を意識し、男帝淳仁天皇の擁立を画策し、女帝孝謙天皇の譲位を促している。

孝謙天皇までを天武・持統天皇の男女を含む嫡系とする点、同様に藤原氏も藤原四子死去後は、光明子を不比等の嫡系とする意識は共通する。必ずしも女性が排除されていない点は留意される。ただし、淳仁天皇を即位させ舎人親王系を次の王統に据えたことからすれば、草壁親王嫡系に固執する孝謙上皇とは異なる意識があり、嫡系が絶えた場合には嫡系女子との婚姻により傍系男子へ継承させるという点ではのちに天智天皇系の白壁王を擁立した藤原永手・百川らの立場と類似する。

郡司の採用は、七四九年二月、従来の幅広い範囲からの能力主義を重視する任用方式を改め、立郡以来の「譜第重大の家」を選び、嫡々継承の任用を命じている（天平勝宝元年二月壬戌条）。

当時は「郡司となる一族は枝分かれし、一族は多いため、勝手な訴えが多い」ので、譜第氏族の分立だけでなく、労効二世以上（二代以上続けて郡司になった新たな家柄）の新興氏族も含めて選抜するのが一般的であった。律令政府は「嫡々相継」という中央貴族と同様の採用方式を厳密に導入しようとしたが、有名無実化していた。これは原則として郡司には蔭位制（父祖の位階により子孫が位階で優遇される制度）が適用されず安定的な「承家」の途がないことが背景にある。

仲麻呂政権下の七六一年には、譜第の嫡子を重視する以下のような措置がなされた。その内容は、特別に少領以上の嫡子が、官人として仕えることを許可し、父の業を失うことなく、永世にわたって宗家を継がせるようにしたいというものであった（天平宝字五年三月丙戌条）。

仲麻呂政権下では、一時的に少領（郡司の次官）以上にも「嫡子出身」を認め、「永世継宗」させる政策を採用したのである。だが結局は、一時的な政策に終わっている。

中央貴族と同じく郡領層でも立郡以来の「譜第重大」を選び「嫡々相継」の任用を目指した政策は、仲麻呂による「恵美家」の創設や「氏族志」編纂と表裏の関係に位置づけられる。

3　新羅征討計画と東北経営——大規模な対外進出策

東北経営と新羅征討計画

第五の東北経営と新羅征討計画に代表される、対外関係に対する積極策についてである。

まず東北経営は、七五七年に橘奈良麻呂の変の事後処理のため従五位下に昇叙し、陸奥守として息子朝獦《あさかり》を派遣したことから始まる。

前任の佐伯全成は、陰謀に荷担した嫌疑により、任地で勘問を受けた後、自殺している。仲麻呂の四男朝獦は按察使と鎮守将軍も兼任し、祖父武智麻呂以来の課題であった陸奥・出羽両国間の直通路開通を成し遂げ、拠点として雄勝城（秋田県旧雄勝郡域に比定されるが所在地不明、払田柵《ほったのさく》が第二次雄勝城）と桃生城（現宮城県石巻市）の二城を完成させた。

七五七年に東国の防人を廃しているのは、対蝦夷政策の開始と無関係ではない（天平宝字元年閏八月壬申条）。東国の鎮兵（東北地方防衛のための兵士）らが翌年大規模に徴発され、二城の造営が本格化していること（天平宝字二年一二月丙午条）、七五九年一一月に坂東八ヵ国に陸奥国が危急の場合、国ごとに二〇〇〇の兵の派遣を命じたこと（同三年一一月辛未条）、などは東国防人の廃止と連動する。

七五九年九月には両城はほぼ完成したらしく、春から秋にかけて作業にあたった郡司・軍《ぐん》毅《き》・鎮兵・馬子ら八一八〇人の税が免除された。そして同日、出羽国雄勝・平鹿《ひらか》二郡の建郡および出羽国六駅、陸奥国一駅が置かれ、武智麻呂時代からの懸案であった多賀城から秋田城への駅路が開通した（天平宝字三年九月己丑条）。

七六〇年正月には、雄勝城と桃生城造営の功績によって藤原朝獦に三階を増した従四位下が授与され、国司・鎮守府・郡司・軍毅ら関係者にも叙位が行われた。

陸奥・出羽で大きな権限を委ねられた息子朝獦の陣頭指揮により、雄勝城と桃生城が短期間で完成し、これにより陸奥と秋田城間の駅路開通が果たされたことが知られる。これは父武智麻呂の政策を継承した仲麻呂の意向によるもので、親子の連携による成果でもあった。もちろん単なる継承ではなく、武力による討伐でなかった点が大きな特色である（城柵を拠点とする未熟な領域支配が反乱を招かずに幸いした側面もある）。

七六二年の年紀がある「多賀城碑」には朝獦が多賀城を「修造」したとあり、秋田城も八〇四年に、「建置以来四〇余年」とあり（『日本後紀』延暦二三年一一月癸巳条）、雄勝城の完成と連動して、仲麻呂政権期に整備されたことになる。陸奥・出羽にわたる城柵支配体制を再編・強化している点は独自な政策であった（熊谷公男説）。

建碑の日付は、朝獦の参議就任の日であり（官位は従四位下で、碑文の従四位上と齟齬）、自己の東北政策の区切りの時期で（朝獦はすでに前年末に仁部卿を兼任して帰京している）、顕彰を目的に刻ませたことになる。築城碑による顕彰という、日本ではあまり馴染《なじ》みのない中国的な石碑文化を採用したことも唐風化という観点で注目される。

新羅征討計画――七五九年

次に新羅征討計画である。仲麻呂は、唐で発生した安禄山《あんろくざん》・史思明《ししめい》の乱（安史《あんし》の乱、七五五～七六三年）の情報により、唐が朝鮮半島へ軍事的介入をする余裕がないことを知り、さらに渤海が積極的に日本との同盟的関係を求めてきたことを好機と考え、悪化していた日羅関係を打破しようと新羅征討の計画を立てた。

これを可能としたのは、当然ながら紫微内相への就任により仲麻呂が内外の諸軍事を掌握していたこと、橘奈良麻呂の変を鎮圧し反仲麻呂派を一掃して、政治的にも軍事的にも専制的権力を獲得していたからである。

先述したように雄勝城と桃生城の完成は七五九年九月だが、その直前の六月に「行軍式」による計画立案、九月以降に三年以内の船五〇〇艘の建造開始など、新羅征討計画が具体化している。それは偶然ではなく、七五九年を画期として軍事的課題が東北経営から新羅征討へ重点を移したからだと考えられる。

直接のきっかけは、七五三年一月に遣唐副使の大伴古麻呂が唐の朝賀の席次で、新羅は古来から日本への朝貢国であることを理由として、新羅が日本より上席であることに抗議し、唐側が席次を交替させたことによる。新羅にとっては屈辱的な出来事であり、これにより遣新羅使小野田守《おののたもり》は、新羅の景徳王《けいとく》との面会ができなかった（天平宝字四年九月癸卯条・『三国史記』新羅本紀景徳王一二年八月条）。

七五八年九月に渤海から帰国した渤海大使小野田守が一二月に朝廷で安史の乱の発生、長安の陥落、渤海が援軍を要請されたことを報告する（安禄山は年号を聖武《せいぶ》とし、皇帝号を大燕《だいえん》聖武《せいぶ》皇帝としたことも報告された）。これを受けて、仲麻呂政権は、反乱軍が侵攻する可能性により大宰府に防衛体制の強化を命じている。さらに、唐が乱により直接介入する可能性が低いと判断し、新羅征討の準備を開始する。

渤海との連携

新羅征討を可能にするもう一つの条件は、渤海との外交的・軍事的連携である。渤海は六九八年に大祚栄《だいそえい》により建国され、二代大武芸《だいぶげい》の時代になると、七三三年に中国の山東地域に侵攻したため、唐や新羅と対立するようになった。唐は新羅に対して背後から攻撃させようと連携を強化した。渤海は国際的孤立を防ぐため、たびたび日本へ遣使をしていた。七二七年以降、仲麻呂の乱までに七三九年、七五二年、七五八年、七五九年、七六二年の六回の派遣がみられる。渤海は軍事同盟を結ぼうとして使節を送っていたが、日本は従属を願い、日本に従国の礼をとってきた朝貢であると捉え、使節を非常に厚遇した。

七五八年の第四回渤海使のときには、大使楊承慶《ようしょうけい》らは、朝廷での正式な宴の他に仲麻呂の田村第に招かれ歓待を受けた。その際には日渤両国の文人が、漢詩を賦している（『経国集』）。

一方、日本からも新羅との関係が特に緊張していた仲麻呂政権期の七五八年から七六三年の間には、積極的に遣渤海使をほぼ毎年派遣している。渤海と軍事的連携を図り、中国情勢を入手することが目的であった。

七五九年の第四回の使節には唐に残留していた「入唐《にっとう》大使」藤原清河を迎えに行く特使の役目があり（迎入唐大使使）、安史の乱で唐が混乱していたため、渤海経由で入唐を図ったらしい。さらに、新羅征討計画を渤海国と連携して進める目的があったとされる。

大使には、高句麗王族系の渡来人、高元度《こうげんど》が任命されていた。帰国する渤海使の楊承慶をともなって渤海に入国し、その後渤海の使者とともに入唐。唐の混乱のため大使らのみが唐に向かった。

大使高元度らは唐に船を建造してもらい七六一年八月に帰国したが、藤原清河は同行できなかった。帰国に際し唐の皇帝粛宗《しゅくそう》より、安史の乱で不足した武器材料の補充を日本側は求められ、兵器の見本として甲冑《かっちゅう》・刀・槍・矢などを与えられている。これに対して、日本では、武器材料となる牛角の徴発と備蓄を始めている。唐が日本との軍事連携を希望していた可能性がある。

さらに七六一年の第六回の「遣高麗（渤海）大使」にも、仲麻呂が主導する新羅征討計画にともない、軍事同盟を締結する目的があったらしい。

このように、仲麻呂による軍事権を含む専制的権力の獲得によって、東北経営だけでなく、中国の不介入と渤海との連携を前提に新羅征討計画が進められていた。

奈良時代の対新羅外交

そもそも、白村江での敗戦（六六三年）以降の大きな外交課題は、唐・新羅の連合軍に敗退後、本土を防衛し、かつ蕃国視した新羅からの朝貢を政治的・軍事的に強制することができる国力を創出することにあった。

新羅は対唐・渤海関係の悪化時には従属を示す貢納物（御調《みつき》）を承認したが、平時には対等な隣国としての地位を求めていた。これに対して日本は、恒常的な従属を示す貢納物を要求したため、対立が激化し、やがて新羅征討計画へとエスカレートしていく。藤原不比等・武智麻呂・広嗣・仲麻呂らに顕著なように、藤原氏の政策的立場が対新羅問題で積極的だったことは事実である。だが、これは藤原氏の氏族的問題ではなく、律令官人層が一様に容認した国家的対応だった（鬼頭清明説）。

奈良時代の対新羅外交は、新羅が対等の外交関係を設定し、朝貢関係を廃棄すると、日本がこれを拒否することにより対立が激化するという図式があり、これがさらにエスカレートすることで新羅征討計画に至ったのである。

七五二年に来日した新羅王子金泰廉《きんたいれん》は、新羅使としては特異な対応をした。王子を派遣し、貢物を「御調」と称して、日本の要求する服属形式を受け入れ、新羅蕃国観をほぼ満足させる。新羅としては、唐・渤海を意識した国際関係からの孤立を防ぎ、極度に緊張していた両国関係の緊張緩和と、交易による実利を重視したからだろう。

日本はここで傲慢《ごうまん》な態度をとり、新羅を征討したとされる伝説上の人物である神功《じんぐう》皇后を先例として初めて外交文書に記載し、外交形式としては尊大にも、国王自らの来朝、あるいは余人による表文を強制している。このときの新羅の一時的な低姿勢を、日本は以後も基準としてしまったのである。翌七五三年に起きる、唐での新羅との席次争い、さらには新羅征討計画への流れは、すでにこのときの対応の結果とも考えられる。

仲麻呂の対新羅政策

さて、藤原仲麻呂政権下で新羅征討が具体的に動き出すまでの過程は以下のようである。七五三年に遣唐副使大伴古麻呂が長安で新羅と上席を争ったことにより、遣新羅使小野田守が新羅に使して「無礼」の処遇をうけたことは先述した。これ以降、日羅関係は悪化していく。すでに七五七年には対新羅への武力行使の可能性が朝廷内部で議論されていたことは、『経国集』巻二〇に見える、対新羅外交の方策を述べさせた対策試験（官人の登用試験）の問題からもうかがわれる（宮田俊彦説）。

この試験では、新羅が近頃不遜《ふそん》であるから兵を起こして海陸で勝利を得たいが、『孫子』の兵法により戦わずして新羅を恭順させる方策を問うている。その答案には、船を並べて威嚇することと、近臣の説得、懐柔などが必要と論じられている。

七五六年六月には吉備真備に命じて筑前国に山城怡土《いと》城（現福岡県糸島《いとしま》市高来寺《こうらいじ》・大門《だいもん》・高《たか》祖《す》）を築かせている。真備が、築城以前に遣唐使として二度も入唐したことや兵法に詳しい人物であったことから、築城に際しては大陸系の中国式山城の形式が採用された。土塁の発掘調査でも、強度を高めるため濃縮海水（塩＋苦汁《にがり》）と石灰系材料が混ぜ込まれた可能性が指摘されている。おそらく真備が中国で学んできた知識を活用して築城したのであろう。日羅関係の悪化による防衛的性格の築城と想定される。

さらに、先述したように七五九年、仲麻呂は渤海使を自宅の田村第に招き歓待しており（天平宝字三年正月甲午条）、親しく安禄山の乱の情報を入手し、渤海使との協議により新羅征討の計画が具体化したとも想定される。三日後には、早くも迎入唐大使使を任命し、三月には大宰府防衛の対策が上奏される（天平宝字三年正月丁酉条、同三月庚寅条）。

唐による新羅の救援ができない状況であること、渤海との提携などの見通しを得たことにより、本格的な新羅征討を具体化させたとみられる（石井正敏説）。

征討計画の実施へ

4-2　新羅征討計画の実施過程（759〜764年）

759年	大宰府に対して行軍式の作成命令。香椎廟に新羅征討の旨を奏上。新羅人で帰国を願う者の送還を大宰府へ命令。３年を限り四道に新羅遠征のための船500隻の建造を命令
760年	新羅人の渡来者131人を武蔵国へ配置。藤原朝獦が新羅使との問答、４条件の提示。舎人を大宰府へ派遣し、吉備真備につき中国兵法を習得させる
761年	美濃・武蔵２国の少年各20人に新羅語を教習させる。東海・南海・西海三道の節度使の任命
762年	大宰府に唐国の新様による綿襖冑の製造を命じる。大宰府に弩師を置く。香椎廟に征討軍の調練のため奉幣
763年	山陽道・南海道節度使の停止
764年	東海道・西海道節度使の停止

明確な新羅征討の計画は、七五九年六月に新羅を討つため大宰府に「行軍式」（軍隊の行動計画）を作らせたことに始まる（天平宝字三年六月壬子条）。当時の大宰大弐（次官）は、中国の兵法に詳しい吉備真備であり、彼を中心に作成したと考えられる。計画は以後、次のように進行した（４－２）。

七五九年八月には大宰帥を神功皇后を祀る香椎《かしい》廟《びょう》に派遣して新羅征討の旨を報告させ、九月には渡来した新羅人で帰国を願う者を送還している。七五二年の新羅使への対応以来、神功皇后による「三韓征伐」の伝承が強く支配層に意識されていたことが知られる。

同月、新羅征討の準備として、三年を限り北陸（八九隻）・山陰（一四五隻）・山陽（一六一隻）・南海（一〇五隻）の四道に合計船五〇〇隻を農閑期に営造させている。おそらくは「行軍式」による全派遣人数を前提に逆算して、新たな造船計画数が計算により割り出されたと推測される。

具体的な動員は七六一年の節度使任命まで遅れるが、「行軍式」による動員計画はこの時点で大枠が決定していたことになる。渡海のためには三年間の準備期間が必要とされ、計画では七六二年が実行の年となる。かつての白村江の戦いでも主力の渡海には二年を要していた。渡海を前提とした対外戦争は容易ではなく、周到な準備が必要であった。

七六〇年四月、新羅人の渡来者一三一人を渡来人が多い武蔵国に配置している。二年前の七五八年八月には新たに新羅郡が置かれている。前年の帰国措置とともに、彼らの反乱を恐れた措置であろう。

一一月には、授刀舎人・中衛舎人ら六人を大宰府に派遣して、大宰大弐の吉備真備に中国の兵法を学習させている。ここでは、諸葛亮《しょかつりょう》（孔明）による陣形（八陣《はっちん》）や孫子による交戦環境の判断（九地《くち》）、軍営の設営法（結営向背《けつえいこうはい》）などが教授されたとある。大宰府で「行軍式」を作らせたり、わざわざ舎人を大宰府まで赴かせているのは、吉備真備以上に中国流の兵学を会得している者が政府内にいなかったのだろう。

この間に、東北経営で実績を残した仲麻呂の子、朝猟が七六〇年九月に来た新羅使金貞巻《きんじょうかん》と大宰府で問答している。ここで新羅使が、七五二年以来通行が途絶えたことを謝し、「御調」を進め、親善を深めるために日本語を学習する者を二名貢進したと述べた。

しかし、朝猟は「新羅は以前から言葉が信用できず、礼義を欠いている」として、前回の使者金泰廉が約束したことを反故《ほご》にされたり、遣新羅使小野田守に対する無礼や、軽使《けいし》（位が低い使節）の派遣などを批判した。そのうえで「責任をもって対応できる人」、「誠意があって偽りのない礼」、「旧来どおりの貢ぎ物」、「明確な根拠のある言葉」の四条件を満たす者の派遣を要求した。仲麻呂は、東北政策の後、対新羅交渉や節度使などの重要政策を右腕として朝獦に任せており、仲麻呂の新羅征討は既定路線となっていた。

兵の動員へ

七六一年正月になると、新羅を討つために、美濃《みの》・武蔵二国の少年各二〇人に新羅語を教習させた。美濃国と武蔵国には、先行して新羅からの渡来人を入植させており（霊亀元年七月丙午・天平宝字二年八月癸亥・同四年四月戊午条）、彼らの子孫を征討軍の通訳として活用しようとした。

一一月になると東海・南海・西海の三道節度使が任命されて動員計画が具体化する。東海道節度使は東北経営で実績がある藤原恵美朝獦、南海道は前陸奥守でやはり東北経営に実績がある百済王敬福、西海道は軍学の智識がある吉備真備が、それぞれ任命され、軍事的能力に秀でたベストな布陣となっている。この人選によっても、仲麻呂の征討に対する本気度は明らかとなる。

計画は、三三ヵ国一嶋（対馬）を対象に、合計船三九三隻、軍団兵士四万七〇〇〇人、子弟二〇二人、水手《かこ》（漕ぎ手）一万七三六〇人が動員されることになった。日本海側の山陰道や北陸道が除かれているのは、対外防衛と表裏の関係で動員計画が構想されたためと考えられる（これら地域には機械仕掛けの弓を教習する弩師が配置され、辺要国として位置づけられた）。南海道と西海道の動員規模が同じであることは、机上計算で割り振られたからだろう。子弟とは、郡司の子弟を動員するもので、二〇〇人の部隊を率いる隊長として期待されたものであろう。一隻あたりおよそ兵士一〇〇人、水手四〇人の規模で計算されている。

当初予定の五〇〇隻には一〇〇隻ほど足りないが、間に合わなかったのであろうか。仲麻呂の子息、朝獦が東海道節度使に任命され、動員規模が最も大きく、肥前・対馬の水手により手厚く補充されていることから、三軍のなかで中心的役割を期待されたらしい。

さらに三年目となる七六二年正月には、前年の遣唐使により伝えられた新型鎧《よろい》の大量生産が命じられている。諸道節度使のために、大宰府に唐国の新様による綿の襖冑《おおかぶと》各二万二五〇具の製造を命じ、各四〇五〇具ごとに五行の色で区分けされた。四月には対外防衛のため大宰府に弩師を置いた。

一一月には、新羅征討を祈願するため、香椎廟に奉幣し、伊勢神宮や諸国社にも奉幣している。このときが計画のピークであり、征討の開始はまさに時間の問題だった。翌七六三年正月にも渤海使が入京し、唐の内乱が継続していることを報告している。

しかしながら、二月になると新羅使を前回のように大宰府で追い返したりせず、すんなり入京させる。このことは情勢変化を物語る。正月に渤海使から、王号を認められるなど唐と渤海の関係が改善したため、連携した征討を中止する旨の意向が示されたとの推測がある（石井正敏説）。以後、七六三年八月に山陽道と南海道の節度使が停止され、翌七六四年七月に東海道、一一月に西海道の節度使が順次停止される。

七六四年七月、博多に到着した新羅使の金才伯《さいはく》ら九一人に、新羅では日本からの侵攻に備え兵士を集め警備をしているとの伝聞があると詰問した。これに対して金才伯らは、唐の海賊が多いので、武装兵を集め海岸を防衛していると弁明している。新羅でも日本の征討が近いことを予想していたようだった。

新羅征討計画は結局、渤海と唐との関係改善など国際関係の変化、干ばつ・飢饉・疫病、孝謙上皇と淳仁天皇の不和の表面化、仲麻呂の権力に翳り、などの要因により実現しなかった。

仲麻呂の新羅征討計画の挫折により、新羅を諸蕃として位置づけ日本に朝貢させるという「東夷の小帝国」を実体化しようとする試みは失敗に終わる。

次章では、再び政治過程に話を戻し、光明皇太后の死去から仲麻呂の乱までを述べる。

第5章 藤原仲麻呂の乱——天平宝字八（七六四）年

1 光明皇太后の死——過剰な自己防衛策

政策の変化

前章では藤原仲麻呂の政策を大きく五つに分類して論じた。本章では再び話を第3章で論じた七六〇年の大師（太政大臣）就任時まで戻してから、進めていく。

仲麻呂の大師就任後には、正月の「隠没田」（税を納めていないため没収された田）の摘発を主目的とした巡察使派遣、三月の新銭鋳造以外にはめぼしい政策がなくなる。

反対に、この頃から祖先顕彰策が目立つようになる。近親者の権威づけにより自己の正統性維持を目論《もくろ》んだといえよう。この年だけでも、前章で述べたように『藤氏家伝』の編纂や、八月に不比等を「淡海公」とし、橘三千代に贈正一位大夫人、武智麻呂・房前に贈太政大臣の称号を授与し、一二月には宮子や光明子の墓を、天皇に准じて山陵とし忌日に国忌斎会を行う、といった顕彰策が実施されている。

また、後宮の高官たる尚侍《しょうじ》（内侍司の長官）・尚蔵《しょうぞう》（蔵司の長官）への経済的待遇改善（経済的特権を男官と同じ全給とする）も、仲麻呂の正妻袁比良が尚侍兼尚蔵であったことによるもので、一族の優遇に他ならない。

政権確立期には、儒教理念に基づく民の生活安定や負担軽減を志向する仁政を行っていたが、この頃になると私的な側面が強くなっている。

他方でこの年の三月に西国を中心に一五ヵ国で疫病の流行が報告されている。五月には疫病の流行を背景に、右舎人の大伴上足《かみたり》が詳細は不明だが「災事一〇条」を記して、人々に広めたとして左遷された。おそらくは疫病などの災事の頻発を掲げて、仲麻呂の政治を批判したもので、社会不安と仲麻呂政治への不満が読み取れる。

光明皇太后死去の打撃

光明皇太后は、すでに三月から病臥し、伊勢神宮や諸社に平癒のための祭祀が命じられていた。閏四月・五月にも皇太后は京内の大寺に寄進や読経をさせている。しかし、神仏への祈禱も効果なく六月七日に六〇歳で死去した。彼女は夫の聖武と同じ佐保山《さほやま》に埋葬された（『延喜式』によれば、聖武天皇は佐保山南陵、光明皇太后は佐保山東陵）。

光明皇太后の没伝は、彼女の事績として、夭折した皇太子と阿倍内親王を生み、阿倍内親王を立太子させ、孝謙天皇として即位させた。夫聖武天皇から執政の権限を委譲され、皇后宮職を紫微中台と改称し、甥の仲麻呂をその長官に任じた。仏教に篤く帰依し、東大寺、国分寺の設立を夫に進言、貧しい人に施しをする「悲田院」、医療を施す「施薬院」を設置して慈善活動を行ったとある（天平宝字四年六月乙丑条光明皇太后没伝）。

また夫の遺品などを東大寺に寄進、その宝物を納めるために正倉院が創設されたことはよく知られている。冥福を祈るため藤原氏の氏寺、興福寺で盛大な法要を行い、光明皇太后の宮寺であった法華寺には阿弥陀浄土院も造営された。

仲麻呂は、約二〇年にわたり叔母である光明皇太后の権力（天皇権力の代行者）に頼ってきた。光明皇太后の死は、仲麻呂に大きな打撃となり、その勢威は翳りを見せ始める。

仲麻呂の大師任命手続きでは、孝謙上皇が淳仁天皇臨席の場で宣命の形で発表し、のちに淳仁天皇から正式な手続きで任命されるという複雑な形式が取られたように、この頃から孝謙上皇と淳仁天皇が並び、王権の共同意思を示す事例が多くみられるようになる。

両者による共治というポスト光明皇太后体制を意識した統治が開始されたらしく、権力者の死後にしばしば行われた、三つの関所を封鎖する固関が光明皇太后の死去時に行われていないのは太上天皇・天皇・大師という体制の安定を示したものとなる。

この年はすでに正月には藤原房前の娘で従二位の藤原夫人が薨《こう》じており、さらに光明子が埋葬された同日、仲麻呂の異母弟（武智麻呂の第三子）で、従三位武部（兵部）卿であった乙麻呂も亡くなり、一族の不幸が連続した。これらも疫病の流行によるものかもしれない。

仏教統制、親族の按察使任命

七月、聖武上皇・孝謙天皇・光明皇太后が大仏造営のために東大寺に施入した寺封五〇〇〇戸からの収入について、一部が東大寺から引き上げられた。具体的には三分し、一〇〇〇戸が塔寺や僧坊の修理料、二〇〇〇戸が仏や僧侶の供養料、そして二〇〇〇戸が政府の行う法会料とした。国家的な仏事の費用をまかなうために創設した法会料を、官庫に入れて管理したことが重要である。

この措置は、僧位制度の導入が僧侶の身分秩序を官人と同様に位置づけ、統制を加えようとする政策であったことと対応し（第2章）、東大寺を財政面でも国家による統制によって強化しようとする仲麻呂の施策である。直後には光明皇太后の四十九日の斎会が東大寺などで開催されており、こうした費用を捻出する目的もあった。

東大寺にとっては、全体の四割に及ぶ削減であり、明らかな経済的打撃であった。仲麻呂がのちに殺されると、東大寺封を分けたのは、聖武天皇が施入した本来の趣旨に背くもので、仲麻呂はそのため誅殺《ちゅうさつ》されたとの説が東大寺で語られていた（『東大寺要録』巻第六封戸水田章所引或書）。

八月になると淳仁天皇は突然、小治田宮へ行幸している。この宮は、小治田岡本宮とも呼ばれ（天平宝字五年正月癸巳条）、大和国高市《たけち》郡に所在した（天平神護元年一〇月辛未条）。滞在期間は、約五ヵ月間にすぎない。しかし、この間に「新京」との表記もあり大規模なことが想定され、単なる離宮ではなかった。大史局（陰陽寮）の奏上により、小治田宮へ行幸したとあり、重要な政策が陰陽寮の提言により決定されている。行幸の理由は不明だが、平城京の改作や孝謙上皇の政権への影響力を削ぐ目的があったのかもしれない。

平城宮へ帰還した直後の七六一年正月には、按察《あぜち》使の任命があった。按察使は数ヵ国の地方行政を管轄する職である。この場合には軍事的要衝を掌握する目的があった。

鎮国衛驍騎《ちんこくえいぎょうき》将軍（中衛少将）である仲麻呂次男の真先を美濃・飛驒《ひだ》・信濃国按察使、長女児従の娘婿、参議・授刀衛督藤原御楯を伊賀《いが》・近江・若狭《わかさ》国按察使と兼任させた。設置地域が、仲麻呂の拠点である近江国や鈴鹿関《すずかのせき》・不破関《ふわのせき》など重要な関所を含む、畿内東方諸国に限定されていること、子息らを任命していることは、明らかに仲麻呂による政権維持の方策である。

八月には、孝謙上皇と淳仁天皇が薬師寺へ礼仏した帰りに、藤原御楯の邸宅に行幸し、御楯が正四位上、その妻児従が正四位下を与えられた。一〇月には四男朝獦が陸奥出羽按察使兼任のまま仁部（民部）卿、八男辛加知が左虎賁《さこほん》（兵衛府）督となっている。この頃、仲麻呂一族の出世もめざましい。

過剰な自己防衛策

さらに二月には、左京職と右京職を統合して左右京兆の長官として「尹《いん》」を設置している。高級官人の待遇改善措置の一つであるが、唐風化であるとともに政権強化策の一環といえる。長官に大和守で仲麻呂の子の訓儒麻呂《くずまろ》を任用し、大和国司と京職の総合一体化を図っている。官位相当を上げて、首都圏における軍事・行政の強化を目論むもので、これも按察使の設置と同様な施策といえる。

年が変わり七六二年二月になると郡司子弟らを兵士とする健児《こんでい》を、伊勢・近江・美濃・越前に限定して一部復活させる。明らかに畿内東辺諸国を仲麻呂の軍事的拠点として強化しつつあった。同時期には、仲麻呂の私的武力化していた鎮国衛（中衛府）に綿の甲冑《かっちゅう》一〇〇〇領を造り、蓄えさせたり、近江国の浅井《あさい》・高嶋《たかしま》両郡で、砂鉄を取る鉄穴《てっけつ》各一処を手中にして、鉄製武器の製造を可能にしている。

この頃になると仲麻呂は過剰ともいえる自己防衛を進めていた。やがて、七六四年九月に自身が「都督四畿内三関近江丹波《たんば》播磨等国兵事使」となり、兵権を独占するところまで行き着くこととなる。

近江国だけでなく美濃国や越前国にも仲麻呂の息がかかった同族や家政機関の家司を含む自派の国司を多数送り込み、自己の領国化しつつあった（岸俊男説・渡辺直彦説）。とりわけ長官たる守を重視し、近江国は自分が兼任してはなさず、美濃守には上道正道《かみつみちのまさみち》と改名した上道斐太都《ひだつ》（橘奈良麻呂乱の密告者）、さらには仲麻呂の子執棹《さおとり》らを任命している。美濃を重視したのは、橘奈良麻呂の変で大伴古麻呂が不破関を奪取する計画があったことを考慮したものであろう。

同様に愛発関《あらちのせき》が置かれた越前国も重視され、長官には仲麻呂の子薩雄《さつお》や辛加知が任命されている。越前国は、東大寺の荘園が多く設置され、これらは造東大寺司により管理されており、そこにも自派の坂上犬養《いぬかい》らを送り込み支配しようとした。越前国には仲麻呂の所領二〇〇町、子の御楯の所領一〇〇町があった。

北京への遷都

七六一年には、参議の阿倍嶋麻呂《しままろ》と巨勢堺麻呂《こせのさかいまろ》が相次いで没している。阿倍氏は仲麻呂の母方の縁者であり、巨勢堺麻呂も紫微中台の役人を長く務めたことから仲麻呂派と想定される。仲麻呂政権にとっては大きな痛手であった。

翌七六二年正月に、氷上塩焼《ひかみのしおやき》と仲麻呂の子、真先を参議として補充している。氷上塩焼は、父が新田部親王、新田部の母は藤原鎌足の娘、五百重娘《いおえのいらつめ》で、天武天皇の孫世代では唯一藤原氏の血を引く元王族であった。こうしたなり振り構わない恣意《しい》的な人事が続くことで、反対派のみならず昇進の機会を奪われた中間派からも反感を持たれることになった。

一〇月になると、淳仁天皇は首都平城京に対して、近江国に「北京」を置いた。この北京に置かれた宮が七五九年一一月以来、造営が進められていた保良宮である。造宮省の輔（次官）中臣丸張弓《なかとみのわにのゆみはり》らを派遣し、造営が開始されていた。「保良離宮」とも表記されるが（大日古四−五二四）、保良宮は単なる離宮ではなく、「都を保良に遷す」（天平宝字五年一〇月壬戌条）とあるように平城京の陪都（首都に准ずる都）とされた北京保良京の中枢となることが期待された。

正確な所在地は不明だが、琵琶湖から流れ出す瀬田川右岸、滋賀県大津市の石山国分遺跡の周辺に比定する説が有力である（瀧川政次郎説）。その造営理由は表向き、淳仁天皇の意向あるいは平城宮の改作が理由とされている（天平宝字五年一〇月己卯条）。さらに、新羅との緊張関係（天智朝の大津への遷都を意識か）、物資の集積地たる瀬田津を拠点とした瀬田川や琵琶湖の水上交通の便、独自の都を欲した傍系淳仁天皇の意向なども考えられる。

最も大きな理由は、則天武后が太原府《たいげん》を北都に改め（六九〇年）、さらに玄宗が北都を北京に改めたこと（七四二年）を意識したからだろう。鎌足・不比等以来の近江重視の延長線上にあり、父武智麻呂の近江守就任以来、仲麻呂時代まで継承された領国に都を置くことが主眼であった。造営が開始された直後には、藤原御楯が近江按察使を兼ねている。

保良京の造営、正一位という極位へ

保良宮はすでに七五九年一一月から造営が開始されていたが、七六一年正月に諸司の役人

に京内の宅地を班給している。

こののち一〇月一一日に遷都のためとして、仲麻呂らに稲束を支給した。親王・内親王など品位を有する王族、および三位以上の者に京内宅地の造営料として稲が与えられた。従一位の仲麻呂に一〇〇万束、二品と三品に一〇万束、四品と正三位（石川年足・文室浄三〔智努〕ら）に四万束が与えられている。仲麻呂に与えられた額は別格であり、保良京内の屋敷も巨大であったことが推測される。

一〇月一三日、平城京の改作のためと称し、孝謙上皇と淳仁天皇が平城京から保良宮に行幸した。一九日に、保良京に所在した近江按察使藤原御楯の邸宅にまず行幸があり、さらに転じて仲麻呂の邸宅に移動し、宴飲している。「歓を極めた」とあり、盛大な宴会であったことが想定される。仲麻呂親子が中心となって進めてきた近江への遷都に対して、その労が天皇よりねぎらわれたのであろう。仲麻呂の権勢や絶頂を象徴的に示す宴会で、彼の生涯でも記憶に強く残るものだったのではないか。

一〇月二八日に天皇は平城宮の改作のため、しばらく保良宮に遷ると詔し、さらに「朕思う所有り、北京を造らんと議る」と勅して、都に近い二郡（滋賀郡と栗太郡か）を割いて永く畿県（畿内に准ずる郡）とし、庸を停めて平城京に准じて調を納めるようにした。平城京・難波京に続く、第三の京として保良京が位置づけられたのだ。

遷都後に保良職や北京職が置かれたとの想定もあるが（瀧川政次郎説）、京職のような保良京を管理する役所が置かれた形跡はない。第二の京、難波京も郡が行政単位であり、摂津職は港湾や外交の任務が主であることからすれば、特別な行政単位は設置されなかったのではないだろうか。

翌七六二年正月には保良宮が未完成のため朝賀の儀をとりやめたとある。造営開始から、二年以上が経過しているが、飢饉や小治田宮行幸などにより、遅延していたらしい。さらに二月には仲麻呂に正一位が与えられ、文字通り位人臣を極めることとなった。正一位は死後の贈位が一般的で、生前に与えられることはない極位である。

三月には、保良宮の西南に新しく池亭《ちてい》を造り、曲水の宴を設けるとあり、保良宮の諸殿と屋垣の工事を諸国に分配して一時に完成させている。諸国に造営を分担させることで、完成を急がせた。こうした造営を国ごとに分担させる方式（国宛《くにあて》）は画期的で、長岡《ながおか》京遷都でも採用されている。これも計数に明るい仲麻呂の発案である可能性がある。

この後、保良京についての記事は途絶え、仲麻呂の敗死により造営は中止され廃都になったらしい。

遣唐使の中止

北京保良京に遷都していた時期である七六〇年一〇月には、迎入唐大使使の高元度とともに来日した唐の送使沈惟岳《しんいがく》を送り返すために遣唐使が計画された。

沈惟岳は大宰府に滞在中、派遣された参議藤原真先の饗応を受け、禄を与えられる。ところが、七六二年五月には沈惟岳が収賄を取る不正を行っているとして、下僚を率いるのに不適格であり統率の任を交替すべき旨、部下から告発を受けた。大宰府で調査の結果、不正の事実を認めたことから朝廷に裁断を仰いだが、唐の正式な勅使であることから変更を認めなかった。

七六一年一〇月に大使仲石伴《なかのいわとも》・副使石上宅嗣《いそのかみのやかつぐ》・遣唐判官中臣鷹主《たかぬし》が任命され、遣唐使船四隻の造営が安芸国《あき》（現広島県）に命令された。しかし、送還する計画は順調には進まなかった。

七六二年三月に遣唐副使が突然、石上宅嗣から藤原田麻呂《たまろ》に交替した。これは後述する同年の仲麻呂打倒を計画した藤原良継《よしつぐ》事件に関係した更迭とされる。四月には遣唐使船四隻を安芸国から回航する際に一隻が難波の江口《えぐち》（淀川河口）で座礁し破損した。そのため使節の規模縮小を余儀なくされた。同時に正副大使の仲石伴・藤原田麻呂は解任され、新たに遣唐判官の中臣鷹主が遣唐大使、高麗広山《こまのひろやま》が副使に任ぜられた。

その後七月に「送唐人使」として二隻に規模を縮小したうえで、渡海を試みるが、これも風雨に遭い失敗し、八月には沈惟岳は大宰府にとどまるように天皇からの勅令を受け、大使らは都へ帰還を命じられ正式に中止された。新羅征討の軍船整備が優先されたとも考えられる。

七六三年正月に淳仁天皇が渤海使を饗応した際、渤海大使王新福《おうしんぷく》から安禄山の乱による唐の動乱についての情報を得て、沈惟岳らを引き続き大宰府で安置優遇すべきとの勅が下る。その後、七八〇年一二月に沈惟岳は従五位下に叙爵、清海《きよみ》宿禰の氏姓を与えられて左京に本籍地が与えられた（宝亀一一年一二月甲午条）。

2 孝謙上皇の叛意——妻と娘婿の死

孝謙上皇と淳仁天皇の不和

仲麻呂にとって政治状況が大きく変わったのは七六二年五月である。保良宮に滞在中に、淳仁天皇と孝謙上皇の関係が悪化したのである。突然、平城宮に還御すると、内裏は改造中であったから天皇は中宮院に、上皇は法華寺にと別居した。そして翌月、孝謙上皇は五位以上の官人たちを朝堂に集めて、以下のように宣言した。

淳仁を今の帝として立てて、年月を過ごしてきたところ、恭しく従うことはなく、それどころか、仇敵《きゅうてき》でもあるかのように言うべきでないことを言い、なすべきでないこともしてきた。およそこのようなことを言われる朕ではない。朕が別宮に住んでいるならば、そのようなことを言うことができようか。これは朕が愚かであるために、このように言われると思うと、恥ずかしく、みっともなく思う。しかし、このことは朕に菩提の心を起こさせる仏縁とも思い、出家した仏弟子となった。（天平宝字六年六月庚戌条）

「仇敵でもあるかのように言うべきでないことを言い」とは、淳仁天皇が道鏡について諫言したことを指すらしい。このときから孝謙上皇は出家して仏弟子となったことも注目される。

道鏡は没伝によれば、梵文《ぼんもん》（サンスクリット）に詳しく、熱心な修行者として有名であった。宮中の道場に入り、出仕して（看病）禅師となった。七六一年の保良宮への行幸以降、孝謙上皇の看病に奉仕してから寵愛を受ける。そのことについて淳仁天皇は孝謙上皇に、常に諫言して孝謙と不和になったとある（宝亀三年四月丁巳条）。

前年より孝謙上皇が病気に倒れ、道鏡の看病を受けて平癒したこと、淳仁天皇が二人の関係を批判したことは事実であろう（仲麻呂が言わせたのかもしれない）。しかし孝謙上皇の道鏡寵愛については、やがて悪人説・巨根説・御落胤《ごらくいん》説など、尾ヒレが付いた話が俗説として流布されていく。だが、潤色された部分が多い。

太上天皇と天皇の関係——紀寺の奴事件

不和の直接の原因は、淳仁天皇が道鏡との関係を批判したことによるが、母光明子亡き後の、孝謙上皇による政治的独立の欲求が背景にあった。

孝謙上皇が発した詔には続きがあり、以下のように宣言している。「国政については、今の帝淳仁はただ常祀と小事を行え。国家の大事である賞と罰の二柄は朕が行う」。

しばしば、この国家大事の宣言により孝謙上皇が淳仁天皇から国家大事の権限を剝奪したように解釈される場合もあるが（岸俊男説）、実態としては以後も淳仁天皇と太政官の系列が正規の国家意思決定機構として機能している。後述する藤原仲麻呂の乱に際して、上皇方が国家意思の発動に必要な駅鈴（命令伝達用の馬を使用できる許可証）と内印（正式な命令であることを証明する天皇の印）を真っ先に天皇方から奪おうとした理由がここにある。

この宣言により淳仁天皇が天皇大権を完全に剝奪されたわけではない。あくまで正規の詔勅は天皇と太政官の系列から出されていた。そのことは、鈴印の保持だけでなく、外交権を象徴する渤海使への接見賜禄（天平宝字七年正月庚申条）が淳仁天皇（帝と表記）によるものであったことからも確認される。

一方、当時の太上天皇（上皇）の権力行使の限界を示す事例として、藤原仲麻呂の乱直前の七六四年七月に起きた紀寺《きでら》の奴《やっこ》事件がある。

この事件は紀寺の奴、益人《ますひと》の身分についての訴訟で、良民とするか賤民のままとするか乾政官（太政官）内部でも意見が割れ、孝謙上皇にその決定が委ねられた。孝謙上皇は良民とすべしとの裁定を下したが、紀氏の側では正式な勅ではないとして承服しなかった。そこで、孝謙上皇は奴婢解放に反対した仲麻呂派の御史大夫（大納言）文室浄三と仁部（民部）卿朝獦を召して、「口勅」によって強引にその決定を二人に告げた。これは、孝謙上皇の権限を示す典型的な事件といえる。

国家大事を担当すると宣言しながら、内印を捺した正式な勅ではないと反論されても、非公式な「口勅」という手段しかなかったからである。太上天皇は、天皇と太政官機構との良好な関係を前提に、働きかけをすることができるだけであったと考えられる。

前天皇という権威により天皇や太政官を従わせることができなければ、太上天皇は無力であった。太上天皇の「口勅」が無力であることを痛感した孝謙上皇は、その直後に正規の命令を出せる鈴印の奪取と復位に向かうことになる。

いずれにせよ、国家大事の宣言は、一時の感情的な発言であり、必ずしも実質を示すものではなかったことになる。

そもそも太上天皇の制度は、父と子、母と子など直系尊属関係を前提にした共同統治の形態であり、良好な相互補完的関係を想定していた。ところが、孝謙上皇と淳仁天皇との関係は、直系尊属関係にはなく血縁的には疎遠である。舎人親王系と草壁皇子系という異なる王系に分かれていた。孝謙上皇が、先の宣言の冒頭で「岡宮御宇天皇の日継」（草壁皇子の皇統）の継承者であることを自負しているように、舎人親王系への継承を必ずしも快く思っていなかった。

第３章で触れたように淳仁天皇は、孝謙上皇の父母（聖武と光明子）から正統な譲りにより舎人親王系へ皇位は継承され、そのことを父舎人親王への追号の根拠とした。それに対して孝謙上皇は、自分だけが正統な聖武天皇の「我が子」（実子）であるとする草壁皇統中心の考えを持ち、尊号を辞退するように執拗《しつよう》に働きかけた。

明らかに両立できない非和解的な主張であり、両者を調停していた光明皇太后の死後、両者が対立から抗争に向かうのは時間の問題であった。

高野天皇と廃帝

国家の正式記録たる『続日本紀』は、のちに淳仁天皇が藤原仲麻呂の乱以後に廃位されて淡路《あわじ》に流されたことから、淳仁天皇を一貫して「淡路廃帝」として表記し、正式な即位を否定する扱いである。

これに対して、孝謙天皇は、太上天皇の期間も含め「高野《たかの》天皇」という称号を用いて、淳仁天皇の治世も在位が続いているかのような書きぶりをしている。

これは、舎人親王系の淳仁天皇の治世をできるだけ認めたくない孝謙天皇側の立場を体現している。明らかに国家大事の宣言や鈴印の奪取を正当化するもので、国家大事の宣言が実質的な復位宣言と解釈される書きぶりである。

藤原仲麻呂の乱は、何度も記してきたが孝謙上皇の側による鈴印の奪取から開始されており、その点を強調するならば、太政官機構を掌握することで正当性を持つ淳仁天皇側に対する孝謙上皇による謀叛（クーデタ）の性格が強かった。

近年では、平安初期の嵯峨天皇に対する「藤原薬子《くすこ》の乱」が「平城《へいぜい》上皇の乱」と評価されるように、「孝謙上皇の乱」と評価するのが妥当である。こうした点を隠蔽する効果が、淡路廃帝と高野天皇の記載には存在した。後世、仲麻呂を天皇に刃向かった悪逆な臣下として位置づける立場も、こうした正史の脚色が大きな影響を与えている。

妻袁比良と石川年足の死

孝謙上皇と淳仁天皇の対立が顕在化した直後、仲麻呂にとって大きな痛手となったのは、正妻の尚蔵兼尚侍藤原朝臣袁比良が死去したことである。

長男真従・次男真先・三男訓儒麻呂・四男朝獦らの母というだけでなく、後宮で大きな力を持ち、光明子・孝謙・淳仁天皇らに仕えていた。淳仁天皇にとっては彼女が母とも思われていた。

尚侍は、天皇・皇后に仕えて用務を担当する内侍司の長官で、「奏請」「伝宣」という、親しく仕える取り次ぎ役として重要な役割を果たしていた。後宮の官房長官のような役回りであり、宮中の重要機密に触れる機会も多かった。

仲麻呂の出世に大きな役割を果たした彼女の死去が、光明皇太后の他界とともに仲麻呂政権衰退の重要な原因である。光明皇太后と妻袁比良の存在が調停役として、孝謙上皇と淳仁天皇との関係を維持していたことが想定され、彼女の病臥により、道鏡の孝謙上皇への接近があり、両者の対立が顕在化したとも想定される（角田文衞説）。

これまで仲麻呂政権を支えてきた人物の死去は妻だけでなかった。九月には、腹心である御史大夫（大納言）兼文部（式部）卿石川朝臣年足が没した。七四九年に紫微中台が設置されたとき、その次官（紫微大弼）に任ぜられ、長官であった仲麻呂の補佐にあたって以来、仲麻呂の片腕となってきた能吏である。

七六〇年に最大の庇護者であった光明皇太后が崩御、翌年には孝謙上皇との関係にも対立が生じ、妻の袁比良も身罷った。石川年足をはじめとする側近たちも相次いで死去し、仲麻呂政権は一気に揺らぎはじめた。

人事による権力強化

妻の死去により、仲麻呂は淳仁天皇との太いパイプが失われた。そこで、「奏請」「伝宣」という尚侍として袁比良の果たしていた役割を仲麻呂派の三男藤原訓儒麻呂、中臣清麻呂、橘奈良麻呂の変を密告した上道正道（斐太都）、同じく密告した佐味宮守《さみのみやもり》の一族らしい佐味伊与麻呂《いよまろ》ら四名に担わせる。彼らを中宮院の淳仁天皇のもとへ派遣し勅旨の伝宣を担当させ、孝謙上皇側に情報が漏れることを防ぎ、天皇と太政官の関係を密接にしようとした。

孝謙上皇と淳仁天皇の対立が顕在化すると、仲麻呂は恣意的な人事によりさらなる権力強化を図った。七六二年一二月に太政官の人事異動を行い、腹心石川年足の死没により弱体化した太政官における仲麻呂派の大幅な補充を行った。

中納言に皇親出身の氷上塩焼（新田部親王の子塩焼王）と白壁王（のちの光仁天皇）を、参議には元皇族の藤原弟貞《おとさだ》（長屋王の子山背王。奈良麻呂の変を密告、母姓により藤原姓を名乗り臣籍降下）、仲麻呂子息の三男訓儒麻呂、四男朝獦、勅旨の伝宣役にも任じられた中臣清麻呂、年足の弟石川豊成を任じている（5－1）。

これにより、議政官は九名から一五名に増員され、そのうち弟貞を含め藤原氏は一〇名に達した（南家五名・北家四名）。なかでも恵美家は、親子四人が議政官である。このときの人事に藤原式家の人物が排除されていることが、式家藤原良継（宇合次男）による事件の伏線となる。

なお、参議藤原真先が真楯に代わり大宰帥を兼ねたのは、新羅征討計画や渤海との連携が重視されていた時期であり注目される。以後、二年

5－1　議政官の変遷⑦

仲麻呂政権末期の体制（762年）	
大　師	藤原仲麻呂（南家）
御史大夫	文室浄三
中納言	藤原永手（北家）
	氷上塩焼　白壁王
	藤原真楯（北家）
参　議	藤原弟貞（元皇族）
	藤原御楯（北家）
	藤原巨勢麻呂（南家）
	藤原真先（南家）
	藤原清河（在唐・北家）
	藤原訓儒麻呂（南家）
	藤原朝獦（南家）
	中臣清麻呂
	石川豊成

後の仲麻呂の乱まで増員はない。その間、参議藤原弟貞が七六三年一〇月に、参議藤原御楯が翌七六四年六月に死去し、御史大夫の文室浄三が同年九月に七二歳で辞職する。

七六四年正月には、さらに息子や腹心たちを右虎賁率＝右兵衛督（薩雄）、左勇士率＝左衛士督（仲石伴）、美濃守（執棹）、越前守（辛加知）に任命している。仲麻呂が長く兼帯している近江守と合わせ、一族が不破関（美濃）や愛発関（越前）など東国へ向かうルートを押さえている。

政治（太政官）・経済（近江・越前・美濃）・軍事（衛府・三関国）の中枢を一族で独占することで、専権を確立しようとした。

しかし、このような仲麻呂による恣意的な人事を仲麻呂の伝記は以下のように評している。

息子の正四位上真先と従四位下の訓儒麻呂と朝獦はそれぞれ参議となり、従五位上の小《お》湯麻呂《ゆまろ》・従五位下の薩雄・辛加知・執棹は、みな衛府や関のある国の国司に任命された。その他の顕官・要職も、押勝の姻戚《いんせき》でない者はなかった。ひとり権勢をほしいままにして、人を疑ってこれに備えることが日ごとに甚だしくなった。

（天平宝字八年九月壬子条没伝）

すでに仲麻呂が紫微中台の長官や中衛大将を兼任する頃から、「重要な政治はすべて一人の判断で行われた。このため他の豪族や、名門の家柄の者は、みな彼の勢力を妬《ねた》んだ」と言われたが、こうした恣意的な人事に漏れた者たちは同様な気持ちをさらに強めることとなる。

孝謙上皇との抗争

しかし一方で、それまで仲麻呂派の牙城《がじょう》であった造東大寺司のポストをめぐり、めまぐるしい展開があった。

七六三年正月、仲麻呂派の坂上犬養に代えて、反仲麻呂派の佐伯今毛人《いまえみし》が長官に任命され、さらに四月には仲麻呂派市原王が就いたものの在任八ヵ月で交替し、翌年には藤原仲麻呂の乱で活躍することになる吉備真備が長く赴任していた大宰府から呼び戻され、長官となった。他の造東大寺司の仲麻呂派官人もこの頃に異動させられている。こうした造東大寺司運営をめぐる抗争は、越前の東大寺領をめぐる利権と密接に関係していた。

また七六三年九月には、仲麻呂政権で仏教改革を進めた興福寺別当慈訓《じきん》が少僧都を解任され、後任に道鏡が任命された。五月に大和上鑑真が七七歳で死去したことも影響したのであろう。解任の理由は、はっきりしない揚げ足とりのようなものであったが、道鏡が失脚すると同僚であった大安寺《だいあんじ》僧慶俊《きょうしゅん》とともに少僧都に復活している。政治的理由で解任されたと想定される。

これらはいずれも孝謙上皇の意向による人事と考えられる（野村忠夫説）。同様に前年に遣唐副使を解任された石上宅嗣《いそのかみやかつぐ》がいきなり人事を握る文部（式部）大輔に任じられているのも注目される。彼は仲麻呂政権期には地方官のみで冷遇され、次に述べる仲麻呂打倒を計画した藤原良継事件に関係し大宰少弐に左遷、しかし仲麻呂が失脚すると復権し、大納言正三位まで昇進する。

いずれにせよ七六三年に入ると仲麻呂側は完全には孝謙上皇側の力を抑えることができなくなり、少しずつ綻《ほころ》びが目立つようになってきた。

藤原良継の変

七六三年一二月の式家藤原良継の変は、仲麻呂一族のみの栄達を恨んだ事件であった。藤原広嗣の乱以降、宇合を祖とする式家の凋落《ちょうらく》は南家・北家に比べて著しかった。そのため、式家次男の良継（七七〇年までは宿奈麻呂《すくなまろ》だが良継と表記）は国司や京官を歴任したが実績を残せず、不遇の日々を送っていた。七六二年に仲麻呂の三人の息子たちが参議となる一方で、良継は四七歳にしていまだに従五位上の位階に甘んじていた（従五位下になってから約二〇年経過してもわずか一階しか進んでいない）。

そのような状況下、藤原良継は伝統的な有力軍事氏族出身の佐伯今毛人・石上宅嗣・大伴家持らと結託し仲麻呂暗殺計画を企図する。だが、計画は道鏡の一族弓削男広《ゆげのおひろ》により密告され仲麻呂側に漏洩《ろうえい》する。四人は捕らえられるが、良継はあくまで単独犯行を主張、大不敬

（重大犯罪である八虐の一つ、天皇を非難する罪）の罪により姓を除き、位階官職も剝奪された（宝亀八年九月丙寅条）。他の三人の罪は問われなかったが、いずれも九州に左遷された。

四月には四人の関係者が一斉に現職から交替していることから仲麻呂暗殺の謀議は、七六二年の早い時期になされたらしい（中川収説）。造宮省の役人であった藤原良継は、仲麻呂の邸宅に楼閣が存在することは法令に違反すると認識したため、不忠の臣と詰《なじ》っている。

道鏡の一族である右大舎人弓削宿禰男広による密告は、身の潔白を示して一族に罪科が及ぶのを防ごうとする目的であろう。天皇を非難する罪に問うたのは自身を准皇族と位置づける仲麻呂の意向であろうが、橘奈良麻呂の変のように極刑に問わず謹慎後に左遷という微罪にとどまった。それは「有力豪族や、名門の家柄の者は、みな彼の勢力を妬んだ」という状況で、孤立を防ぐため有力氏族の無用な反発を回避するためであろう。権力の翳りがここにもみられる。

娘婿藤原御楯の死

仲麻呂の権力が大きく揺らいだのは、七六四年六月の信頼する娘婿藤原御楯の死去である。彼は授刀衛督として仲麻呂の軍事力の一翼を担っていた。彼の役職は、参議・授刀衛督、伊賀・近江・若狭国按察使で、彼の死去により、三関国支配と軍事力掌握の体制が弱体化した。七月には朝獦が任命されていた東海道節度使も廃止されている。

藤原御楯の後任である授刀衛督には北家の藤原真楯が就き、少尉（三等官）に坂上苅田麻《かりたま》呂《ろ》、将曹（四等官）に牡鹿嶋足《おしかのしまたり》、少志（四等官）には道鏡の弟浄人《きよひと》、舎人に紀船守《ふなもり》らが補任され、仲麻呂の統制下から離れていく。仲麻呂は御楯の抜けた北家に配慮し、八束を改名させた藤原真楯に期待をかけたが、真楯の本心は異なっていたらしい。

藤原仲麻呂の私的武力ともなっていた中衛府（鎮国衛）に対して、授刀衛は立太子以来、孝謙上皇の警固にあたってきた。藤原御楯が去り、孝謙上皇に忠誠を誓う本来の性格が強くなり、仲麻呂の乱の際には孝謙上皇側の主戦力として大きな役割を果たすことになる。

藤原仲麻呂の乱における近江の役割や授刀衛の離反を考えるとき、藤原御楯の死去は明らかに大きな痛手であった。

3　仲麻呂の「謀叛」——鈴印争奪から敗走へ

乱の前夜

新羅征討のために設置された三道の節度使は、七六四年一一月までに順次停止された。これは、仲麻呂政権の動揺だけでなく、連年続いた干ばつ、飢饉、疫病などによる。七六四年にはとりわけ西日本に大きな被害が出て社会不安が増していた。

七六四年八月には西日本の干ばつに対処するため、大和・河内・山背・近江・丹波・播磨・讃岐《さぬき》などに灌漑《かんがい》用の貯水池を築く使者が派遣されている。ただし、仲麻呂が直後に任命された「都督・四畿内・三関・近江・丹波・播磨等国兵事使」と国が重なっており、造池にかこつけた兵力徴発との見方もできる。

このとき、近江国の造池使に淡海三船が任命され、のちに藤原仲麻呂の乱鎮圧で上皇側に荷担し大きな役割を果たしたことは留意しておきたい。天智天皇系の元皇族で、はじめ御船王を名乗るが、臣籍降下していた。彼の学識は評価が高く、言動にはやや難があったらしいが、近江国の使者となっていることからすれば、仲麻呂は必ずしも危険人物視していなかったらしい。

また淳仁天皇の弟、池田親王は、藤原良継の事件の直後に、かつて皇族籍から削除していた自らの子女五名について、御長真人《みながのまひと》姓の下賜を上表し許されている。孝謙上皇と淳仁天皇・仲麻呂との抗争が近いことを考え、妻が橘奈良麻呂の変に関与した者の一族であったことを意識したものであろう。彼は七六四年の夏から兵馬を多く集め反乱の準備をしていたとも密告されており、連座により一家に類が及ぶことを避けようとしたらしい。

また、藤原仲麻呂の乱の直前に、先にも触れたが御史大夫の文室浄三（智努）も七二歳で自ら辞職している。彼は天武天皇の皇子長《なが》親王の後裔氏族で、臣籍降下していた。

このように皇族や元皇族たちは、橘奈良麻呂の変で、有力皇族が勝手に担がれ排除されたことを思い出し、身の危険を避けるため、政局の外に身を置こうとした。すでに事態は一触即発の状況になっていた。

仲麻呂の都督使就任

孝謙上皇・道鏡と淳仁天皇・仲麻呂との対立に対して危機感を抱いた仲麻呂は、七六四年九月二日、唐の都督府をまねて自らを「都督・四畿内・三関・近江・丹波・播磨等国兵事使」に任じ、さらなる軍事力の掌握を企てようとした。

都督兵事使とは軍兵を監督する使者で、四畿内（大和・山背・摂津・河内）・三関（伊勢・美濃・越前）・近江・丹波・播磨国の延べ一〇国（厳密には和泉国が七五七年に河内国から分立しているので一一国）を管轄する強大な軍事権を有した。先に次男真先を「美濃・飛驒・信濃国按察使」、娘婿御楯を「伊賀・近江・若狭国按察使」に任命したが、それよりも大きな権限である。

都督兵事使は表向き、諸国兵士の訓練規定に准拠し、管内の兵士を国ごとに二〇人、五日交替で都督衙《ととくが》に集めて武芸を簡閲するために設置された。新羅征討や社会不安を理由にして設置が認められたのであろう。天皇に奏聞して許可が下りると兵士の数を水増しして、太政官印を使用して改竄《かいざん》した文書を諸国に下達したことがのちに問題視される。

仲麻呂は、のちに淳仁天皇の命令により六〇〇〇の兵を発して上皇や道鏡を襲う計画であったことが、淳仁天皇の淡路幽閉の理由として示されている（天平宝字八年一〇月壬申条）。

これによれば、仲麻呂が自由になる中衛の兵四〇〇人や資人《しじん》（位階や官職に従い与えられた公的従者。仲麻呂の場合は一位に一〇〇人、太政大臣に三〇〇人）を除いても、一国当たり二〇人どころか五〇〇人程度の兵士を徴発する計画であったことになる。

そもそも、仲麻呂がこの職を希望したのは、「道鏡がいつも宮中に侍《はべ》って、孝謙上皇から、特別に寵愛されるようになった」ことが原因である。仲麻呂は、心が安まらないため「疑心暗鬼」となり、「道鏡は先祖の物部弓削守屋大臣の位と名を継ぐことを謀る野心のある人物なので退けなさい」と奏している。「兵士を掌握し、自ら衛《まも》る」ため上皇に遠回しにほのめかして就任したという（天平宝字八年九月壬子条没伝）。

厳密には淳仁天皇への奏聞により決済されるもので、孝謙上皇に決裁権はない。天皇と大師である仲麻呂に決定権があり、「諷《ふう》して」とあるように、上皇は報告を受けることで国家大事に関与する形式をかろうじて保ったと考えられる。

孝謙上皇は二ヵ月前の「紀寺の奴事件」でも、太政官系列に自らの意思を反映できなければ無力であったことを思い知ったはずである。

二人の密告

橘奈良麻呂の変では、密告が仲麻呂による鎮圧の大きな助けとなった。だが、今度は密告が仲麻呂の首を絞めることになった。

大外記《だいげき》の高丘比良麻呂《たかおかのひらまろ》が、自分の身に災いが及ぶのを恐れ、九月二日の兵事使任命以降、文書偽造を孝謙上皇に密奏したのである。その内容は、奏聞以上に兵士の数を水増しして、太政官印を使用して改竄した文書を諸国に下達したというものであった。

大外記は、天皇関係の文書を扱う職掌で、こうした機密に触れる機会が多かった。彼は仲麻呂派と目されていたが、こうした人物からも裏切りが出たことは、明らかに仲麻呂の権力の弱体化を示すものである。

仲麻呂の計画については、孝謙上皇が乱後に船親王の罪状を指弾した詔に記されている。それによれば、九月五日に淳仁天皇の兄、船親王が仲麻呂と共謀し、「朝庭の咎《とが》」を数えた書状をつくり淳仁天皇に上進しようと謀ったという。後日、仲麻呂の田村第《てい》からはこれを裏付ける証拠として、船親王と仲麻呂が交わした陰謀の書簡が発見されている。

「朝庭の咎」とは、野心のある道鏡を重用した孝謙上皇への批判を含むものであろう。集められた六〇〇〇の兵により上皇側に圧力をかけ、「朝庭の咎」を指摘して道鏡の失脚や孝謙上皇の幽閉などを考えていたらしい。

また、先にも少し触れたが大津大浦《おおつのおおうら》も密告している。大津大浦は陰陽道の家柄で、仲麻呂に非常に信頼されて事の吉凶を占っていた。大浦は仲麻呂から謀叛の吉凶を問われ、災いが自身に降りかかることを恐れ、孝謙上皇側に密告したのだ。さらに舎人親王の孫、和気《わけ》王からも仲麻呂が謀叛のために武器を整えていたことが事前に孝謙上皇に伝えられていた（天平神護元年八月庚申条）。

鈴印の争奪

九月一一日、密告が相次ぎ、人々の間にも語られるようになり仲麻呂による謀叛計画が明確となったとして、孝謙上皇は少納言山村《やまむら》王に駅鈴・内印（天皇御璽）の回収を命ずる。

少納言の職務は、先にも述べたが侍従を兼任して天皇に近侍する秘書官的な役職で、詔勅発出の事務とそれに必要な内印・太政官印・駅鈴の管理であった。山村王は用明《ようめい》天皇の末裔を称し、前職の紀伊《きい》守から正月に少納言になったばかりであった。上皇方がこの企てを想定して内裏に送り込んだ可能性もある。

孝謙上皇は鈴印（駅鈴・内印）の奪取を重視していた。鈴印の管理は、木簡の記載によれば二時間交替で「鈴守」と称される兵士が守衛していたことが知られる（『木簡研究』三一）。仲麻呂は正攻法で淳仁天皇を錦《にしき》の御旗として担ぎ、六〇〇〇人の兵士動員と弾劾状（「朝庭の咎」を数えた書状）により道鏡の失脚や孝謙上皇の幽閉を画策していた。これに対して孝謙上皇方は先んじて鈴印の奪取という非合法な武力行使（クーデタ）により権力の掌握を図る。動員された武力は、孝謙上皇の親衛隊的役割を期待された授刀衛だけでなく、私的武力が評価されていた渡来系氏族の檜前《ひのくま》氏や秦氏、さらには吉備真備が長官となった造東大寺司の役人たちである。

橘奈良麻呂の変でも光明皇太后宮の鈴印の奪取が計画されていたように、鈴印を得た者が権力の正当性を主張することができた。先述したように生身の天皇や太上天皇よりも、権力を抽象化した器物が重視されるのは律令制度の成熟と評価できるが、きわめて皮肉である。この意味では、すでに論じたように「仲麻呂の乱」ではなく「孝謙上皇の乱」が正しい。このときまで権力の正当性は、あくまでも淳仁天皇と仲麻呂（大師〈太政大臣〉）の側にあり、天皇と太政官の系列が正規の意思決定機構であった。

ともかく先手は孝謙上皇側がとった。孝謙上皇が少納言山村王に直接、駅鈴・内印の回収を命じたことは、官僚制と文書行政に対する明らかな越権違法行為である。これに対して仲麻呂は中宮院に侍していた三男訓儒麻呂を派遣、待ち伏せさせて駅鈴・内印を奪わせた。

上皇方は授刀舎人（近衛）物部磯浪《もののべのいそなみ》の急報により（神護景雲元年七月丁巳条）、授刀少尉（三等官）坂上苅田麻呂（田村麻呂の父）・同将曹（四等官）牡鹿嶋足（蝦夷出身）らを派遣させ、訓儒麻呂らを射殺した（延暦二年正月乙酉・同五年正月戊戌条）。

これに対して仲麻呂は、鈴印を奪い返すため、さらに武装し馬に乗った中衛将監（三等官）矢田部老《やたべのおゆ》を送ったが、上皇方の授刀舎人紀船守《きのふなもり》により射殺された。まさに仲麻呂の私兵ともなっていた鎮国衛（中衛府）と孝謙上皇の親衛隊となった授刀衛による争奪戦であった。

鈴印の絶大な効力——淳仁天皇の権力喪失

結局、山村王は「遂に君命を果たした」とあるように、中宮院の鈴印は法華寺の孝謙上皇のもとに届けられた。『続日本紀』には、孝謙上皇がいつ再び即位（重祚）したのかという明瞭な記載はない。また淳仁天皇の廃位を正式に宣言したのは乱後のことである。しかしながら、「高野天皇」としての天皇的行為は、鈴印の奪取直後から開始されている。すなわち、勅により仲麻呂の官位や藤原姓（以後、恵美仲麻呂となる）を除き、封戸の収奪・没収を宣言、さらに三関国（美濃・伊賀・越前国）に固関を命令、北陸道諸国に対しても仲麻呂が使用する太政官印（外印）を捺した文書の無効を勅している。

諸国に命令を下す場合には中宮院から奪取したばかりの鈴印を使用したことが想定される。この乱は、仲麻呂だけでなく、彼に擁立された淳仁天皇が持つ天皇権力との抗争でもある。仲麻呂の追討が決断された時点で、それと連動して淳仁天皇の権力的正当性を否定することが必要となる。私見だが、まさに『続日本紀』が位置づける「高野天皇」（孝謙）と「廃帝」（淳仁）という関係は、鈴印の奪取直後から実質的に成立したと考えられる。もはや太上天皇ではなく「高野天皇」の行為として正式な詔勅が発出されたのである。

おそらく淳仁天皇は、孝謙上皇側の兵により軟禁され、実質的には廃位されていたと想定される。鈴印の争奪が発生した九月一一日夜に、造東大寺司で写経に従事していた舎人ら一六名が警固のため「内裏」に駆けつけたとあること（大日古一七－六）、賊軍らと戦い「内裏」を宿衛した檜前忌寸《ひのくまいみき》二三六人、「北門」を守衛した秦忌寸三一人に、のちに爵一級を与えたとあること（天平神護元年二月乙丑条）、などを重視すれば、孝謙上皇は鈴印を奪取した九月一一日夜には内裏（平城宮中央区の西宮か）に入ったことがわかる。これは明らかに内裏の主人が入れ替わったことを象徴する出来事である。

以後淳仁天皇は、警固の名目で孝謙上皇方の兵士に軟禁されて、実質的には廃位となっていたことが推測される。

ここに登場する檜前忌寸と秦忌寸は、渡来系氏族でしばしば私的武力として期待されていた。橘奈良麻呂の変でも秦氏は傭兵となり、反仲麻呂派に与《くみ》したため配流されたことはすでに記した。孝謙天皇の詔により、直接の関係者以外には寛大な処分が認められたことが、上皇方に味方する伏線になったのかもしれない。

さらに推測するならば、檜前忌寸と「賊軍」との戦闘は、昼間に内裏内で発生した可能性が高い。少納言山村王による鈴印回収の要求は、軍事力を背景にした圧力が想定される（事態を急報した授刀舎人物部磯浪はその一人）。中宮院に侍していた仲麻呂の子、訓儒麻呂がこれに抵抗し、武力行使に及んだのが真相ではないか。淳仁天皇側が無抵抗であったのは不自然である。『続日本紀』では仲麻呂側が非武装の山村王ら「詔使」一行を途中で待ち伏せし、奪ったように記している。鈴印奪取を正当化する潤色であろう。内裏内の争奪戦が互いの陣営に知らされ、鎮国衛（中衛府）と授刀衛による援軍が送り込まれたと想定される。

『続日本紀』は藤原仲麻呂の乱の間における、淳仁天皇の動向を意図的に書かないが、これは「高野天皇」（孝謙）の正当性を示そうとする作為といえる。

鈴印の争奪と淳仁天皇を奪われたことで、仲麻呂の正当性は一挙に失われた。位階官職の剝奪により、賊軍と位置づけられた。正一位太政大臣（大師）という文字通り位人臣を極めていた人物が一日で逆臣とされてしまったのである。以後は王権に対する臣下の反逆という位置づけがなされて立場が大きく逆転した。

吉備真備と造東大寺司

孝謙上皇側のあざやかな仲麻呂追討計画は、吉備真備が大宰少弐として赴任していた九州から七〇歳で帰京し、七六四年正月に造東大寺司長官に任命された後に、具体化したらしい。彼は、孝謙上皇の皇太子時代からの学問の師として信頼され、『礼記』と『漢書』の講義をした（宝亀六年一〇月壬戌条）。さらに唐に留学し、軍学に詳しいことは前章で述べた通りである。高齢により辞職を願っていたが、辞令が先行し帰京したとある。

反乱の準備は、仲麻呂の娘婿藤原御楯没後に授刀衛を孝謙上皇側が自派で固め、造東大寺司を拠点化することに始まる。鈴印争奪での授刀衛官人の活躍や、造東大寺司の舎人一六名が警固のため「内裏」に駆けつけたことはすでに述べたが、乱の当日である九月一一日に管理下にあった東大寺正倉院から大刀・弓矢・甲冑などの武器・武具が献上されている（大日古四—一九四）。授刀衛で用いられたらしい。

また、造東大寺司の木工が九月一四日に兵器を支給され、兵士として動員された記録もあり（正倉院御物銘文）、東大寺権別当実忠《ごんのべっとうじっちゅう》が軍馬の食料を私《わたくし》に献上している（『東大寺要録』巻七雑事章）。

長官吉備真備の差配により、造東大寺司は征討軍を支える重要拠点として機能した。ただし、乱当夜に写経に従事していた経師春日根継《かすがのねつぐ》が逃亡したともあり（大日古五―五〇六）、騒乱を避ける人々もいた。

吉備真備の評価については、乱により急に召されて参内し、軍務について戦略を練ったとあり（宝亀元年一〇月丙申条）、仲麻呂らの逃走経路に兵を分けてこれを遮り、その指揮や隊の編成は非常に優れた軍略で、仲麻呂側を策謀に陥らせ短期間（仲麻呂斬殺まで八日間）で平定したという（宝亀六年一〇月壬戌条）。

近江への逃走

鈴印の争奪に敗れた仲麻呂は太政官印を持ち、九月一一日の夜のうちに近江に逃走した。仲麻呂が淳仁天皇をともなわずに都を落ち延びたのは、すでに淳仁天皇が内裏で幽閉されてしまった事情が考えられる。

翌九月一二日孝謙上皇は勇敢な兵士が仲麻呂を追討することを期待し、手厚い恩賞を与えることを約束し、北陸道諸道に太政官印のある文書の無効を宣言した。以下、正史である

『続日本紀』には、乱の推移については時系列で記されてはおらず、上皇側の過剰なまでの叙位記事などが続くのみである。

九月一八日に石村石楯《いわれのいわたて》が近江国高嶋郡の三尾《みお》（現滋賀県高島市安曇川町《あどがわちょう》三尾里）で仲麻呂を斬りその首を都にもたらすまで記載がなく、仲麻呂の伝とともに一括的に記載されるだけである（天平宝字八年九月壬子条）。

『続日本紀』の記載によれば、仲麻呂は宇治から近江へ向かい逃走し、自身が長年国守を務める近江の国府を拠点としようと考えた。孝謙上皇側についた山背守の日下部子麻呂《くさかべのこまろ》らは近道の田原道《たわらみち》を先回りして（仲麻呂と妻子らが進んだ平坦《へいたん》な相坂道《おうさかみち》より難路だが一〇キロほど近道）、国府の手前にある瀬田橋（現滋賀県大津市瀬田の瀬田川に架かる橋）を焼いた。これを見て仲麻呂は色を失った。

近江国府に入れなくなった仲麻呂はただちに湖西を北上して越前を目指した。高嶋郡の前少領（次官）角家足《つののいえたり》の宅に泊まるが、その夜、不吉なことに仲麻呂の泊まった臥屋《ふせや》に甕《かめ》の大きさほどの隕石《いんせき》が落下したという。

一方、佐伯伊多智《いたち》らは仲麻呂らより早く越前に入り、越前国守だった仲麻呂の八男辛加知を斬った（九月一七日には新たな越前の守が任命）。しかし仲麻呂は息子が斬られたことをまだ知らなかった。

他方で仲麻呂は、氷上塩焼を偽って「今帝」（新たな天皇）に擁立し、息子の真先・朝猟ら

藤原仲麻呂の逃走経路（764年９月）

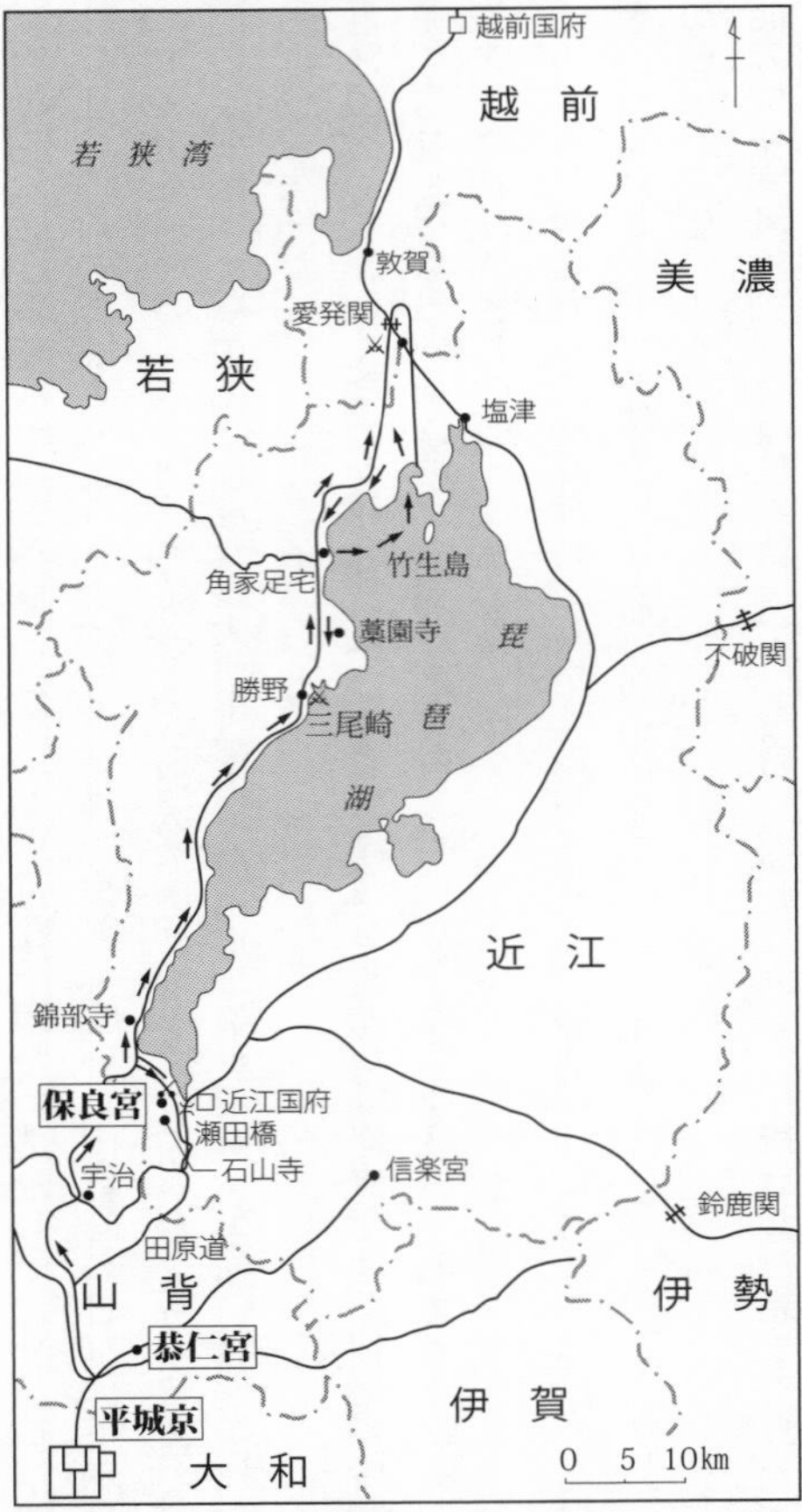

出典：岸俊男『藤原仲麻呂』（吉川弘文館，1969年）を基に筆者作成

を親王扱いの三品に叙し、他の者にも叙位を行った。奪った太政官印を用いて太政官符を諸国に配布し、塩焼王が皇位に即《つ》いたこと、孝謙上皇が発した勅命は無効であることを宣伝し、兵士を徴発しようとした（天平宝字八年九月甲寅条・癸亥条）。

仲麻呂は精兵数十名を先発させ越前国の入り口愛発関に入ろうとしたが授刀舎人物部広成《ひろなり》らに阻止された。進退窮まった仲麻呂は乗船して塩津《しおつ》に向かったが逆風により引き返し、山

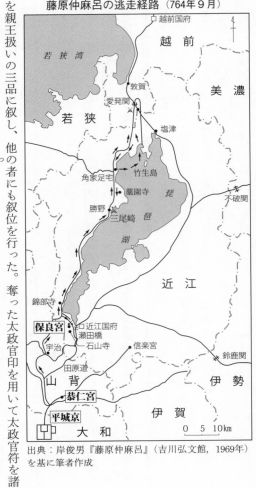

道で愛発関に向かうが、越前国府から戻った佐伯伊多智らに撃退される。このとき仲麻呂軍の八、九人が矢に当たって死んだという。

最期

仲麻呂は越前から退却し湖西を南下、高嶋郡三尾の崎で北上してきた佐伯三野《みの》らの追討軍と合戦になった。昼から約四時間の戦闘により追討軍の疲れがひどくなったそのとき、藤原蔵下麻呂《くらじまろ》率いる追討軍の本隊が到着し、藤原真先らの仲麻呂軍は総崩れとなった。佐伯三野らは仲麻呂軍を多数殺傷した。

仲麻呂は遠くから軍勢が敗れるのを見て、妻子三、四人と船で琵琶湖に逃げた。孝謙上皇方の軍勢は水陸から攻めた。仲麻呂軍は勝野《かちの》の鬼江《おにえ》（現滋賀県高島市勝野《かつの》の乙女ヶ池付近、内湖外側の細い砂州）を最期の拠点として防ぎ戦った。上皇方は攻め撃ち、仲麻呂の軍勢は敗れてちりぢりになり、仲麻呂は石村石楯に斬られた。時に五九歳。宰相の最期としては実にあっけないものであった。

妻子（真先・朝獦・小湯麻呂・薩雄・執棹ら）、従者（氷上塩焼・巨勢麻呂・仲石伴・石川氏《うじ》人《ひと》・大伴古薩《こさち》・阿倍小路《こみち》ら三四名、一説に四四人）も湖辺で斬殺された（天平宝字八年九月癸亥条）。ただし第六子の刷雄《よしお》のみが、年少時よりの仏道修行を理由に免罪、隠岐国に配流される。

孝謙上皇への勝利の報告は、先んじて安倍弥夫人《みふと》によりもたらされ（宝亀三年一一月丙午条）、九月一八日には仲麻呂の首も京に届けられた。二〇日、討賊将軍藤原蔵下麻呂らが凱旋《がいせん》した（天平宝字八年九月甲寅条）。

終章　藤原仲麻呂は歴史に何を残したか

1　淳仁廃帝、皇位簒奪の意図——一線を越えたか

吉備真備の軍略

孝謙上皇方の勝因は、近江方面に逃走することを予想して、兵を要所に派遣した吉備真備の軍略によるところが大きい。

仲麻呂の構想は、天皇を背景とした圧倒的な兵力動員により上皇方を圧倒する策であった。だが準備に手間取り、密告と前提となる鈴印および天皇の保持に失敗し頓挫《とんざ》した。これには孝謙上皇側の授刀衛と造東大寺司の掌握が大きい。これにより近江への退去を強いられた。

次善の策は、大規模に改修した近江国府を拠点として、息子たちが国司であった越前国と美濃国（さらには北陸道と東山道）からの援兵を得て、都へ攻め上る構想であった。これを予想して吉備真備はいくつか先手を打った。

北陸道諸国に対して仲麻呂が使用する太政官印（外印）を捺した文書の無効を勅している。仲麻呂は、すでに六月の藤原御楯の死去により「伊賀・近江・若狭国按察使」の権力を失い、七月には仲麻呂四男朝獦が任命されていた東海道節度使も廃止され、東海・東山道方面への影響力を失っていた。

干ばつに対処するため貯水池や堤防を築く近江国造池使となっていた淡海三船と判官（三等官）佐伯三野（父は藤原良継の変で左遷された今毛人）らが瀬田にあって、仲麻呂が兵馬を徴発するために近江国府へ先発させた使者たちを捕縛している。この直前の九月一二日に、彼らに叙位が行われているが、これは彼らを味方につける配慮で、急行した佐伯伊多智らにより告げられたのではないか。

使者の捕縛は偶然かもしれないが、山背守の日下部子麻呂と衛門少尉の佐伯伊多智ら数百騎を将軍として田原道を近道させて、瀬田橋（近江国衙の西に位置する）を焼いたのは吉備真備の軍略であった（延暦四年七月庚戌条）。ここに、佐伯氏が二人見えるのは、前年一二月に仲麻呂により弾圧された藤原良継の変で、大伴氏とともに佐伯氏が弾圧されたことが背景にある。

乱当日の九月一一日には、上皇側から三関を固守する使者が派遣されているが、日下部子麻呂と佐伯伊多智の騎馬隊は、それを担保する軍事力であった。仲麻呂の八男辛加知が国守であった越前国に対しては、佐伯伊多智が湖東経由で仲麻呂らより早く越前に入り、辛加知を斬っている。

一方仲麻呂の九男執棹が国守であった美濃国に対しても、固関使が派遣され、仲麻呂に仕えて美濃少掾に任じられた村国嶋主《むらくにのしまぬし》が上皇方に味方しようとしたが、誅殺されてしまったという（天平神護二年一一月壬戌条）。美濃国不破関は、越前に向かう湖東路から分岐しているので、越前へ向かった佐伯伊多智の騎馬隊とは別に一部隊が派遣された可能性がある（動向が見えない日下部子麻呂の部隊か）。

また仲麻呂政権下で凋落していた式家宇合の子息、良継・蔵下麻呂の兄弟は、上皇方で抜擢され、乱の鎮圧に活躍する。

四月に備前守に任命されたが赴任していなかった藤原蔵下麻呂は、近江国へ逃走した仲麻呂軍を佐伯三野が追跡した際に、討賊将軍として将兵を率いて援軍として参じた。

一方、仲麻呂暗殺計画を企図して二年間失脚していた藤原良継も、九月一二日に従四位下を与えられ兵数百人を率いて出発したとあるが、具体的な活躍は記されていない（湖西を北上した藤原蔵下麻呂に対して良継は湖東を進み、援軍として美濃・越前国を押さえる役割が与えられたか）。

仲麻呂による「新天皇」擁立

先述したように、乱の過程で仲麻呂は、新田部親王の子、氷上塩焼（塩焼王）を「皇位に定め」て「今帝」（新たな天皇）に「偽立」したとある。加えて自分の子を親王扱いしている。臣下が元皇族を新帝に擁立することは前例がない。仲麻呂としては鈴印および天皇の保持に失敗することで、名分的には臣下の謀叛という劣勢を挽回《ばんかい》するために、新天皇の擁立により自己の正当性を示す必要があった。

最終段階で子息らを皇族に位置づけている点は注目され、即位可能な親王扱いは、皇位を簒奪《さんだつ》する意思が潜在的にあったことを示している。仲麻呂による恵美家の准皇族化政策（あくまで第一の臣下が本質）は最期の瞬間に一線を越えた。孝謙上皇による草壁皇子嫡系の主張を相対化するため、男系が絶えた草壁親皇子系に代わり、舎人親王および新田部親王の系列を擁立したことも注目される。

塩焼王は聖武天皇の娘、不破内親王を妻としており、その点を重視したと考えれば、同じく聖武天皇の娘、井上内親王を妻とした白壁王がのちに光仁天皇として、孝謙上皇重祚後の称徳天皇ののちに即位したことと同じ構図となる。

さらに、仲麻呂は太政官印を用いて太政官符を諸国に配布し、塩焼王が皇位に即いたこと、孝謙上皇が発した勅命は無効であることを宣伝し、三つの関を閉じ、兵士を徴発しようとした。即位を前提とした、天皇権力の広範な行使に及んでいることも注目される。

討賊将軍藤原蔵下麻呂らが平城京に凱旋した九月二〇日に、仲麻呂の兄で、橘奈良麻呂の変に荷担したとして左遷されていた藤原豊成を右大臣に復帰させ、道鏡を大臣禅師に任ずる詔勅が出された。すでに藤原豊成の右大臣復帰は、九月一四日に行われているが、あらためて百官に宣言された。藤原豊成の復帰は、仲麻呂の処罰と表裏の関係にある。

一方、孝謙上皇は道鏡に対して、「帝の出家しています世には、出家の大臣もあるべし」と述べて、出家の天皇には出家の大臣がふさわしいことが大臣任命の理由とされた。すでに述べたように、孝謙上皇は七六二年の国家大事の宣言のときから出家していた。復位により出家の天皇が誕生するのはこれが初めてである。

6-1　議政官の変遷⑧

道鏡政権の成立（764年）	
大臣禅師	道鏡
右大臣	藤原豊成（南家）
大納言	藤原永手（北家）
中納言	白壁王（のちの光仁天皇）
	藤原真楯（北家）
参　議	山村王　和気王
	吉備真備
	藤原縄麻呂（南家）
	粟田道麻呂
	弓削浄人

仲麻呂親子と仲麻呂派が一掃され、乱発生の直後から叙位されていた人々を加えた新体制となった（6－1）。

一〇月には、鈴印の奪取以降、実質的に復位した孝謙上皇は、すでに軟禁状態にあった淳仁天皇を、仲麻呂と共謀して上皇を排除しようとした罪により正式に廃位する。天皇は、身分を親王に貶《おと》され、淡路公として当地に配流幽閉された。

このとき、淳仁天皇に対して孝謙上皇は以下のように述べたという。「王を奴としようとも、奴を王としようとも、汝のしたいようにし、汝の後に、帝として位についている人でも、位についた後、汝に対して礼がなく、従わないで不作法であるような人を、帝の位においてはいけない」。これは聖武天皇の遺詔である。すでに論じたように、聖武天皇の遺詔は、時期が下がるごとに拡大解釈されていく。ここでは、明らかに孝謙上皇の皇位継承に対する権限が拡大されている。

七六五年一〇月、淳仁天皇は孝謙上皇が重祚した称徳天皇の圧力により、配所の淡路で薨じた。連動して、淳仁天皇の兄弟である船親王と池田親王ら舎人親王系王族も流罪にされるなど集中的に処断される（柳宏吉説）。草壁皇子嫡系を自認する孝謙上皇が、舎人親王系の王族を断絶させようとの意図は明白であった。

「廃帝〔淳仁天皇〕が退けられてから、天皇の身内で人望のある人々の多くは、無実の罪をかぶせられ、天皇の位はついに絶えそうになった」（宝亀二年二月己酉条藤原永手没伝）と評されるように、皇位継承に支障をきたすほど天武天皇系の有力皇族は粛清された。こうした後継者を決められない状況を背景に、孝謙は重祚して称徳天皇となり、権力は強化され、道鏡の天皇即位問題が浮上することになる。

舎人親王系王族の排除とともに、仲麻呂派官人の粛清も開始された。近江で斬られた三四人以外に、三七五人が連座や斬刑に相当したとあり（『日本後紀』延暦一八年二月乙未条）、七六四年一二月にも一三人が処刑されている（『日本霊異記』下巻第七話）。平城宮からは仲麻呂に与して処罰された「仲麻呂支党」と表記された木簡も出土している（『平城宮木簡概報』四一一三頁）。

七六五年一月、「神霊が国を護り、風雨も仲麻呂の乱で我が軍を助けてくれた」として年号が天平宝字から天平神護に改まり、万物が新しくなることが願われた。

2　先進的政策の継承と「藤原氏」の確立

否定される政策

七六四年九月の藤原仲麻呂の乱の直後から、仲麻呂の政策は表面的には否定されていく。仲麻呂政権で改められた唐風官名を旧に復すること、墾田永年私財法の停止、勤務評定期間（考選）の短縮、などである。

さらに七六四年以降の称徳・道鏡政権でも、仲麻呂政権時代の政策が忌まわしいものとして次々に否定された。とりわけ仲麻呂の絶頂期を記述し、仲麻呂を賛美していた『続日本紀』草稿である「天平宝字元年紀」が紛失という名目で事実上、不採用となったことは象徴的である。

しかしながら、「養老律令」をはじめとする仲麻呂による先進的な政策の多くは一部修正を加えられながらも、その後の政権によっても確実に継続されていく。

官人の教養として仲麻呂が学習を命じた「維城典訓」と「律令格式」は、有効法として平安初期の「弘仁格」を経由して、一〇世紀半ばの『延喜式』にも継承されている。とりわけ、仲麻呂が大宝律令を修正・施行した刑法・行政法の集大成である「養老律令」の体系は、形骸《がい》化しつつも江戸時代まで継承された。これはいかに基本法典としての完成度が高かったかを示すものである。

また側近の石川年足に命じて編纂された令の施行細則「別式」も、『延喜式』に引き継がれる。律令だけでなく、格式の編纂も視野に入れて考えていたことを示すものである。「別式」は二〇巻あったとされ、施行されないまま散逸したが、当時実務の参考として活用され、『弘仁式』の元になったとされる。

仲麻呂が、『日本書紀』に続く正史編纂を計画したことは、中国を意識した高度な文明化の成果物を求めた点で重要であり、以後の六国史編纂の流れを決定づけている。

継承された政策

個々の政策については、第4章ですでに論じたが、仲麻呂が政権を担当した七五七年から七五九年にかけてのわずか二年ほどの間に、後世へ影響を与える多くの政策が集中的に実施されている。

そこでは問民苦使《もみくし》の派遣など、貧窮・疫病や苦役といった民の苦しみを救う仁政が標榜《ひょうぼう》され、律令制の原則は維持しつつも、数字や運用方法の変更により民の生活安定策や負担軽減策を数々実現している。それらの政策は、仲麻呂の失脚後も、やはり平安期の諸法典に継承され、空疎な理想的・観念的な政策ではなく、社会状況と制度の原則的運用という緊張関係を前提に案出されたきわめて現実的な政策であった。

七四三年の墾田永年私財法は、仲麻呂の失脚後に位階別の墾田面積の制限規定は廃止されたが、墾田を私財として永年私有を認めた点は、以後の土地制度に大きな影響を与え、貴族や大寺院による私領化（荘園化）へとつながっていく。荘園制への展開を準備したという点で重要な政策といえる。

これまで墾田永年私財法の施行は、教科書では国家による土地公有原則を覆すものと捉えられ、律令体制崩壊のはじまりとも評価されていた。しかし、近年では墾田永年私財法は律令を否定するものではなく、むしろ開発可能な耕地の有効活用という点で、律令の法目的を補強すると考えられるようになっている。

現在まで各地に残る碁盤目状に土地を区画する条里制の施行も、墾田管理の必要から、奈良時代中期以降に展開したと考えられる。この点でも仲麻呂の政策が後世に大きな影響を与えている。

その他、運脚の負担軽減、米価の調節を目指した常平倉・平準署の設置、雑徭半減政策の復活、新銭発行による財政利益の獲得、なども後世に継承された重要な政策である。

仲麻呂は、律令制の浸透・充実策として、諸国の財政運営方法の基本を定めた（公廨稲・論定稲・義倉）。いずれも細かい数字の操作により運用が可能となるもので、算道を学んだ仲麻呂の得意とする政策であった。佐渡・能登・安房・和泉国の諸国再分割や近江国府を中心とする全国の国府や多賀城などの礎石・瓦葺きという「近代化」改修も同様である。

律令国家の可視化

滋賀県大津市の瀬田川東岸の丘陵には史跡近江国府跡がある。

一九六三年から発掘調査が行われ、正殿・後殿・脇殿などの跡が発見されている。いずれの建物跡も瓦積基壇を残し、礎石を用いた瓦葺きの建物であった。奈良時代中期の創建とされ、藤原仲麻呂が七四五（天平一七）年から七五八（天平宝字二）年までの一三年の長期にわたり近江国司を務めていた時期に重なっている。

中枢区画の形式は、唐長安城の宮城に類似するとされ、大規模で異国風の瀬田橋や倉庫群、さらには官道と交差する南北の朱雀《すざく》道も合わせて、唐風趣味に傾倒した仲麻呂の権威を示す演出が平面プランとして採用されたものとされる（平井美典説）。これら建物群は、八世紀中葉にいっせいに造営が開始されたとみられ、仲麻呂による強い意向により造営が進められたものと推測される。瓦葺きで、礎石立ちの建物群が林立する豪壮な景観は、他の国府ではみられない特異なものである。

以後、こうした瓦葺き・礎石立ちの形式が国府の標準となる。多賀城碑や発掘成果によれば、仲麻呂の息子朝獦により東北の多賀城もこの時期に大規模改修されている。

仲麻呂の構想によるものはこれだけではない。孝謙女帝を譲位させ、自身が擁立した淳仁天皇（在位七五八〜七六四）の即位儀式に重要な役割を果たした大嘗宮の規模も仮設的であった前代までに比して立派なものとなった。正統性に不安がある淳仁天皇の権威付けのため大型化を図ったものと推測される（岩永省三説）。

こうした考古学的な遺構群からも、仲麻呂の事績を指摘することは可能である。律令国家の威容を制度だけでなく、人々の前に眼に見える形で示し、以後の標準形式になったことも事績として評価される。

天皇の荘厳化、藤原氏のその後

皇室に関係する施策もいくつかある。天皇が田植え、皇后が養蚕の範を示す籍田《せきでん》・親蚕《しんさん》儀礼、正月に桃の枝で杖をつくり邪気を払う卯杖《うづえ》儀礼なども仲麻呂の時期に開始された。前者の儀礼は平安期にも継承され、後者は近代に復活する。

仲麻呂が始めた歴代の天皇漢風諡号《しごう》の制定も基本的に現在まで連続している。淳仁天皇の大嘗宮や平城宮の改造も、荘厳化により天皇の権威を高めるものである。さらに仲麻呂の創意ではないが国分寺・国分尼寺の諸国創建など、仏教による文明化の志向も我が国で定着するのはこの時期からである。

一方で一族を准皇族に擬するあり方は、君主と臣下の関係を曖昧にした。血統にこだわらない臣下たる道鏡の天皇即位問題に連続し、以後には君臣の別が強調されるようになる。

藤原四家のうち仲麻呂が属した嫡男武智麻呂の南家は、豊成の次男継縄《つぐただ》が桓武朝の右大臣になったことを除けば、仲麻呂の乱以後大きな力を持たなかった。平安初期までは、藤原宇合の式家、以後は藤原房前の北家が主流となり、北家の子孫が摂関家として連続していくことは周知の通りである。

藤原氏内の仲麻呂の功績は、鎌足・不比等ら藤原氏の始祖たちへの数々の顕彰策であろう。これにより、藤原氏のブランド力が飛躍的に高められ、国家第一の臣下という位置づけが定着する。仲麻呂が臣下として初めて生前に太政大臣に任命されたことは、以後の藤原氏の極官の先例となったことも指摘できる。藤原氏が貴族のトップに位置するという枠組みが確立されたのも仲麻呂抜きには考えにくい。

あとがき

本書は、これまで蘇我氏などとならび逆臣とされてきた藤原仲麻呂の生涯を近年の研究を踏まえ新たな観点から記述したものである。

この本の特色は、従来の類書がしばしば強調してきた、皇位継承にのみ収斂《しゅうれん》する「政争史」や藤原氏の「陰謀史観」を極力排除したことである。奈良時代前半を中心に扱った前著『女帝の世紀―皇位継承と政争』（角川選書、二〇〇六）でも、中継ぎでない「女帝論」や、奈良時代史を白村江の戦い（六六三年）と壬申の乱（六七二年）の「戦後史」として位置づける立場から、政治史としての「政策論」の視角を提起した。

本書の新たな観点は、政治と制度が密接な関係を持つ「政策論」により政治史を深化させ、その政策が藤原仲麻呂の学問・思想とどのように結びついているかをできるかぎり解明しようとしたことである。また、皇位継承についても派閥的な政争の産物ではなく、異なる皇統観念のせめぎ合いとして捉えようとした。奈良時代中期の政治をリードした藤原仲麻呂を深く掘り下げることで、その政策論の解明が多少なりともできたと思われる。もちろん、その成否は読者に委ねるしかないのではあるが。

最後に、これまであまり指摘されていないが、藤原仲麻呂の生涯のなかでたびたび流行した疫病への対応が、彼の人生を大きく決定づけたことを指摘したい。

武智麻呂を含む藤原四兄弟ら太政官の構成員たちの多くが死没することにより人材不足に陥り、仲麻呂の出世が早まり、有利に働いたことはすでに論じた。

さらに、聖武天皇が志向した鎮護国家のための大仏造営は、従来の神祇信仰に代わる疫病対策として導入されたものであり、藤原仲麻呂が主導した墾田永年私財法の導入により財政的な根拠を得ることができた。彼の行った減税策や生活安定策も、疫病からの回復を意図したものである。橘諸兄と藤原仲麻呂の政治的対立も、疫病からの回復をどのように行うかという国家の政策論争としても位置づけられる。兵士の削減など緊縮政策による回復を目指す橘諸兄と、墾田開発など積極策を採用した藤原仲麻呂との対立である。

さらに、藤原仲麻呂が失脚する大きな原因となった新羅征討計画も、再びの疫病流行により中止に追い込まれている。象徴的なのは、藤原仲麻呂政権下の七五八年に大史局（陰陽寮）からの奏上で、暦により翌年が、「水旱疾疫《すいかんしつえき》」の年と予想され、般若波羅蜜多経の念誦により回避しようとしたことである。

藤原仲麻呂が暦を重視したことはすでに述べたが、陰陽道の厄年をあらかじめ計算することにより疫疾を回避（予防）しようとしたことは史上初めてであった（山口えり・本庄総子説）。陰陽道では、統治者が徳を保ち、仁政を行えば、災害は消えて福が来るとも説かれている（『三代実録』貞観一七年一一月一五日甲午条）。藤原仲麻呂の仁政は、災害を避ける意図もあったと考えられる。

このように、藤原仲麻呂は人生の節目で疫病の流行とどのように向き合うかということがたびたび試されている。為政者が疫病の流行という国家危機をどのように乗り越えるのかという現代にも通じる課題は、藤原仲麻呂の生涯を検討することで、歴史の教訓となる事柄を導きだすことができるのではないだろうか。

本書は当然ながら多くの研究成果に依拠している。参考文献は代表的なものに限定し巻末に掲載したが、とりわけ、岸俊男『藤原仲麻呂』（吉川弘文館、一九六九）と木本好信『藤原仲麻呂』（ミネルヴァ書房、二〇一一）には多くを依拠している。

また、編集を担当された白戸直人さんには、原稿催促だけでなく、著者の稚拙な文章を新書として大幅にわかりやすく手直ししていただいた。この点、深く感謝したい。

なお、本書は、JSPS科研費二〇K〇〇九九五および二〇H〇一三一八による成果の一部である。

二〇二〇年一二月

仁藤敦史

あとがき

参考文献

※配列はほぼ本文の叙述順である

全体に関係したもの

岸俊男『藤原仲麻呂』吉川弘文館、一九六九
木本好信『藤原仲麻呂』ミネルヴァ書房、二〇一一
栄原永遠男編『平城京の落日』清文堂出版、二〇〇五
中川収『奈良朝政争史』教育社、一九七九
木本好信『藤原仲麻呂政権の基礎的考察』高科書店、一九九三
中村順昭『橘諸兄』吉川弘文館、二〇一九
鷺森浩幸『藤原仲麻呂と道教』吉川弘文館、二〇二〇
薗田香融「恵美家子女伝考」（『日本古代の貴族と地方豪族』塙書房、一九九一、初出一九六六）
薗田香融「小伝・藤原仲麻呂」（『日本古代の貴族と地方豪族』塙書房、一九九一、初出一九六九）
角田文衞「藤原袁比良」（『平安人物志』上、角田文衞著作集五、宝蔵館、一九八四、初出一九六一）
角田文衞「恵美押勝の乱」（『律令国家の展開』角田文衞著作集三、宝蔵館、一九八五、初出一九六二）
新日本古典文学大系『続日本紀』全五巻、岩波書店、一九八九～九八
直木孝次郎他訳注『続日本紀』全四巻、平凡社、一九八六～九二
宇治谷孟訳『続日本紀』上中下、講談社、一九九二～九五

序章

大隅亜希子「算師と八世紀の官人社会」（栄原永遠男編『日本古代の王権と社会』塙書房、二〇一〇）
細井浩志「奈良時代の暦算教育制度」（『日本歴史』六七七、二〇〇四）
亀田隆之「奈良時代の算師について」（『日本古代制度史論』吉川弘文館、一九八〇、初出一九五八）
関根淳「藤原仲麻呂の算術と政策」（木本好信編『藤原仲麻呂政権とその時代』岩田書院、二〇一三）
野村忠夫「奈良朝の政治過程」（『奈良朝の政治と藤原氏』吉川弘文館、一九九五、初出一九八四）
仁藤敦史「蔭位授与制度の変遷について」（『古代王権と官僚制』臨川書店、二〇〇〇、初出一九八九）
仁藤敦史『女帝の世紀―皇位継承と政争』角川選書、二〇〇六

第1章

直木孝次郎「広嗣の乱後の大養徳小東人ら三人の処遇について」（『続日本紀研究』三一八、一九九九）
水元浩典「大和宿禰長岡と広嗣の乱」（続日本紀研究会編『続日本紀の時代』塙書房、一九九四）
林陸朗「藤原仲麻呂政権と官人社会」（『上代政治社会の研究』吉川弘文館、一九六九、初出一九五九）
熊田亮介「大養徳恭仁大宮」（新潟県歴史教育研究会「会報」復刊一〇、一九八九）

林陸朗「奈良朝後期宮廷の暗雲」（『上代政治社会の研究』吉川弘文館、一九六九、初出一九六一）
早川庄八「「かけまくもかしこき先朝」考」（『日本歴史』五六〇、一九九五）
岸俊男「県犬養三千代をめぐる憶説」（『宮都と木簡』吉川弘文館、一九七七、初出一九六七）
栄原永遠男『聖武天皇と紫香楽宮』敬文舎、二〇一四
塚野重雄「不破内親王の直叙と天平一四年塩焼王配流事件」上下（『古代文化』三五—三・八、一九八三）
中川収『奈良朝政治史の研究』高科書店、一九九一
仁藤敦史「聖武朝の政治と王族」（『家持の争点』Ⅱ、高岡万葉歴史館叢書一四、二〇〇二）
北山茂夫「天平末葉における橘奈良麻呂の変」（『日本古代政治史の研究』岩波書店、一九五九、初出一九五二）
横田健一「安積親王の死とその前後」（『白鳳・天平の世界』創元社、一九七三、初出一九五九）
阿部武彦「古代族長継承の問題について」（『日本古代の氏族と祭祀』吉川弘文館、一九八四、初出一九五四）
直木孝次郎「天平一六年の難波遷都をめぐって」（『飛鳥・奈良時代の研究』塙書房、一九七五、初出一九七〇）
井山温子「和泉宮と元正女帝」（『古代史の研究』九、一九九三）
直木孝次郎「橘諸兄と元正太上天皇」（『夜の船出—古代史からみた万葉集』塙書房、一九八五、初出一九七八）

第2章

吉川真司『聖武天皇と仏都平城京』講談社、二〇一一
岸俊男「三国と三国真人」（『三国町史』一九六四）
仁藤敦史「継体天皇—その系譜と歴史的位置」（古代の人物1『日出づる国の誕生』清文堂出版、二〇〇九）
岸俊男「天皇と出家」（『日本の古代』七　まつりごとの展開、中央公論社、一九八六）
中川収「聖武天皇の譲位」（『奈良朝政治史の研究』高科書店、一九九一、初出一九八三）
仁藤敦史「太上天皇の「詔勅」について」（吉村武彦編『律令制国家と古代社会』塙書房、二〇〇五）
仁藤敦史「聖武朝の政治と王族」（『家持の争点』Ⅱ、高岡万葉歴史館、二〇〇二）
柳雄太郎「皇太后の詔と紫微中台の「居中奉勅」」（『律令制と正倉院の研究』吉川弘文館、二〇一五）
柳雄太郎「献物帳と紫微中台」（同前）
吉川敏子「紫微中台の「居中奉勅」についての考察」（『律令貴族成立史の研究』塙書房、二〇〇六、初出二〇〇〇）
早川庄八「古代天皇制と太政官政治」（『天皇と古代国家』講談社、二〇〇〇、初出一九八四）
瀧川政次郎「紫微中台考」（『律令諸制及び令外官の研究』角川書店、一九六七、初出一九五四）
岸俊男「県犬養三千代をめぐる憶説」（『宮都と木簡』吉川弘文館、一九七七、初出一九六七）
栄原永遠男「藤原仲麻呂家における写経事業」（『日本古代社会の史的展開』塙書房、一九九九）
野村忠夫「律令官人社会構成と仲麻呂政権の成立」（『古代学』六—一、一九五七）
岸俊男「藤原仲麻呂の田村第」（『日本古代政治史研究』塙書房、一九六六、初出一九五六）
倉本一宏『奈良朝の政変劇』吉川弘文館、一九九八

栄原永遠男「藤原豊成」(『平城京の落日』清文堂出版、二〇〇五)
鐘江宏之「大伴古麻呂と藤原仲麻呂」(『学習院文学部研究年報』五一、二〇〇四)
関根真隆「献物帳の諸問題」(『正倉院年報』一、一九七九)

第3章

吉岡眞之「宣命」(『書の日本史』一、平凡社、一九七五)
仁藤敦史「「詔勅」における口頭伝達の役割」(『古文書の様式と国際比較』勉誠出版、二〇二〇)
熊谷公男「古文書の調査」(『正倉院年報』五、一九八三)
榎本淳一「養老律令試論」(笹山晴生先生還暦記念会編『日本律令制論集』吉川弘文館、一九九三)
野村忠夫「律令官人社会構成と仲麻呂政権の成立」(『古代学』六—一、一九五七)
坂本太郎『六国史』吉川弘文館、一九七〇
中西康裕「『続日本紀』天平宝字元年紀について」(『続日本紀と奈良朝の政変』吉川弘文館、二〇〇二)
栄原永遠男「藤原豊成」(『平城京の落日』清文堂出版、二〇〇五)
福原栄太郎「橘奈良麻呂の変における答本忠節をめぐって」(『続日本紀研究』二〇〇、一九七八)
筧敏生「藤原仲麻呂政権期の尊号について」(『古代王権と律令国家』校倉書房、二〇〇二、初出一九九六)
河内春人「変動の予兆—藤原仲麻呂政権官号改易の国際比較」(木本好信編『藤原仲麻呂政権とその時代』岩田書院、二〇一三)
瀧川政次郎「紫微中台考」(『律令諸制及び令外官の研究』角川書店、一九六七、初出一九五四)
原科楓「「不改常典」に関する一考察」(『慶應義塾大学大学院法学研究科論文集』五八、二〇一八)
笹山晴生「中衛府の研究」(『日本古代衛府制度の研究』東京大学出版会、一九八五、初出一九五七)

第4章

中川収「藤原仲麻呂の政治基調」(『奈良朝政治史の研究』高科書店、一九九一、初出一九七二)
伊藤千浪「律令制下の渡来人賜姓」(『日本歴史』四四二、一九八五)
江草宣友「藤原仲麻呂政権下の銭貨発行と新羅征討計画」(『国史学』一八二、二〇〇四)
仁藤敦史「古代都市の成立と貧困」(『歴史学研究』八八六、二〇一一)
吉川真司「藤原氏の創始と発展」(『律令官僚制の研究』塙書房、一九九八、初出一九九五)
林陸朗『光明皇后』吉川弘文館、一九六一
松尾光「光明・仲麻呂政権下の四字年号」(木本好信編『藤原仲麻呂政権とその時代』岩田書院、二〇一三)
戸崎哲彦「唐代君主号制度に由来する「尊号」とその別称—唐から清、および日本における用語と用法」(『彦根論叢』二七〇・二七一合併号、一九九一)
坂本太郎「列聖漢風諡号の撰進について」(『坂本太郎著作集』七律令制度、吉川弘文館、一九八九、初出一九三二)
山本幸男「天平宝字二年の『金剛般若経』書写—入唐廻使と唐風政策の様相」(『市大日本史』四、二〇〇一)
橋本義彦「藤氏長者と渡領」(『平安貴族社会の研究』吉川弘文

館、一九七六、初出一九七二）
薗田香融「護り刀考」（『日本古代の貴族と地方豪族』塙書房、一九九二、初出一九六四）
上山春平『埋もれた巨像』岩波書店、一九七七
仁藤敦史『女帝の世紀―皇位継承と政争』角川選書、二〇〇六
佐伯有清『新撰姓氏録の研究』研究篇、吉川弘文館、一九六三
竹内理三「解説」（『寧楽遺文』下、東京堂出版、一九四四）
坂本太郎「養老律令の施行について」（『坂本太郎著作集』七律令制度、吉川弘文館、一九八九、初出一九三六）
横田健一「藤原鎌足伝研究序説」（『白鳳・天平の世界』創元社、一九七三、初出一九五五）
横田健一「大織冠伝と日本書紀」（同前、初出一九五八）
横田健一「家伝、武智麻呂伝研究序説」（同前、初出一九六二）
矢嶋泉「『家伝』の資料性」（沖森卓也・佐藤信・矢嶋泉『藤氏家伝　鎌足・貞慧・武智麻呂伝　注釈と研究』吉川弘文館、一九九九）
北条勝貴「鎌足の武をめぐる構築と忘却―〈太公兵法〉の言説史」（篠川賢・増尾伸一郎編『藤氏家伝を読む』吉川弘文館、二〇一一）
佐藤信「『家伝』と藤原仲麻呂」（沖森卓也・佐藤信・矢嶋泉『藤氏家伝　鎌足・貞慧・武智麻呂伝　注釈と研究』吉川弘文館、一九九九）
坂本太郎「六国史と伝記」（『日本古代史の基礎的研究』上、東京大学出版会、一九六四、初出一九六四）
林陸朗「『続日本紀』掲載の伝記について」（『日本史籍論集』上、吉川弘文館、一九六九）
林陸朗「『続日本紀』の「功臣伝」について」（『続日本古代史論集』中、吉川弘文館、一九七二）
関口裕子「家伝をめぐる家の用法について」（『奈良平安時代史論集』上、吉川弘文館、一九八四）
早川庄八「奈良時代前期の大学と律令学」（『日本古代官僚制の研究』岩波書店、一九八六、初出一九七八）
早川庄八「新令私記・新令説・新令問答・新令釈」（『日本古代の文書と典籍』吉川弘文館、一九九七、初出一九八一）
東野治之「元正天皇と赤漆文欟木厨子」（橿原考古学研究所編『橿原考古学研究所論集』一三、吉川弘文館、一九九八）
仁藤敦史「聖武朝の政治と王族」（『家持の争点』Ⅱ、高岡万葉歴史館叢書一四、二〇〇二）
熊谷公男「秋田城の成立・展開とその特質」（『国立歴史民俗博物館研究報告』一七九、二〇一三）
鬼頭清明「敵・新羅・天皇制」（『歴史学研究』六四六、一九九三）
古畑武「七世紀末から八世紀にかけての新羅・唐関係」（『朝鮮学報』一一三、一九八五）
古畑徹「日渤交渉開始期の東アジア情勢」（『朝鮮史研究会論文集』二三、一九八六）
宮田俊彦『吉備真備』吉川弘文館、一九六一
石井正敏「初期日渤交渉における一問題」（『日本渤海関係史の研究』吉川弘文館、二〇〇一、初出一九七四）

第5章

岸俊男「越前国東大寺領荘園をめぐる政治動向」（『日本古代政治史研究』塙書房、一九六六、初出一九五二）
岸俊男「東大寺をめぐる政治情勢」（『日本古代政治史研究』塙書房、一九六六、初出一九五六）
渡辺直彦「家令について」（『日本古代官位制度の基礎的研究』

吉川弘文館、一九七二、初出一九六五）
瀧川政次郎「保良京考」（『京制並びに都城制の研究』角川書店、一九六七、初出一九五五）
角田文衞「藤原袁比良」（『平安人物志』上、角田文衞著作集五、宝蔵館、一九八四、初出一九六一）
角田文衞「勅旨省と勅旨所」（『律令国家の展開』角田文衞著作集三、宝蔵館、一九八五、初出一九六二）
野村忠夫「仲麻呂政権の一考察」（『律令政治と官人制』吉川弘文館、一九九三、初出一九五八）
中川収「藤原良継の変」（『奈良朝政治史の研究』高科書店、一九九一、初出一九六〇）
吉川敏子「仲麻呂政権と藤原永手・八束（真楯）・千尋（御楯）」（『律令貴族成立史の研究』塙書房、二〇〇六、初出一九九五）
木本好信「藤原真楯薨伝について」（『奈良時代の政争と皇位継承』吉川弘文館、二〇一二、初出二〇〇五）
角田文衞「恵美押勝の乱」（『律令国家の展開』角田文衞著作集三、宝蔵館、一九八五、初出一九六一）

終章

柳宏吉「舎人親王家の隆替」（『熊本史学』六、一九五三）
平井美典『藤原仲麻呂がつくった壮麗な国庁―近江国府』新泉社、二〇一〇
岩永省三「大嘗宮移動論補説」（『古代都城の空間操作と荘厳』すいれん舎、二〇一九、初出二〇一〇）
大津透「天皇制唐風化の画期」（『古代の天皇制』岩波書店、一九九九）

あとがき

山口えり「祈雨儀礼の多様化と災害認識」（『古代国家の祈雨儀礼と災害認識』塙書房、二〇二〇、初出二〇〇八）
山口えり「陰陽寮の三合歳算定法」（同前、初出二〇一七）
本庄総子「日本古代の疫病とマクニール・モデル」（『史林』一〇三―一、二〇二〇）

藤原仲麻呂　年譜

天皇	上皇	西暦	年号	年齢	事績	関連事項
文武		七〇六	慶雲三	1	誕生、7月父武智麻呂大学頭	
		七〇七	慶雲四	2		6月文武天皇没、7月元明天皇即位
元明		七〇八	和銅元	3	3月祖父不比等右大臣	
		七一〇	和銅三	5		3月平城京遷都
		七一二	和銅五	7	6月父武智麻呂近江守	1月『古事記』撰進
		七一四	和銅七	9		6月首皇子立太子
元正	元明	七一五	霊亀元	10		9月元明天皇譲位、元正天皇即位
		七一六	霊亀二	11	10月父武智麻呂式部大輔	
		七一八	養老二	13	この頃、祖父不比等養老律令の編纂	この年阿倍内親王誕生
		七一九	養老三	14	7月父武智麻呂春宮傅	
		七二〇	養老四	15	1月父武智麻呂中納言　8月祖父藤原不比等没、この頃までに算を学ぶ	5月『日本書紀』撰進、
	没	七二一	養老五	16		12月元明上皇没
		七二二	養老六	17		閏4月百万町歩開墾計画
		七二三	養老七	18		4月三世一身法
聖武	元正	七二四	神亀元	19		2月元正天皇譲位、聖武天皇即位
		七二六	神亀三	21	この頃内舎人となる	

七二八	神亀五	23		この年安積親王誕生
七二九	天平元	24	3月父武智麻呂大納言	2月長屋王の変　8月光明子の立后
七三〇	天平二	25	この頃大学少允となる	
七三一	天平三	26	最初の叙位か	
七三四	天平六	29	1月正六位下より従五位下に昇叙、父武智麻呂右大臣	
七三五	天平七	30		3月吉備真備・玄昉帰国　7月大宰府で疫病の流行
七三六	天平八	31		11月葛城王、橘諸兄と改称
七三七	天平九	32	7月藤原武智麻呂没、贈左大臣	この年疫病流行
七三八	天平一〇	33		1月阿倍内親王立太子　橘諸兄右大臣
七三九	天平一一	34	1月従五位上となる	
七四〇	天平一二	35	1月正五位下となる　10月聖武天皇行幸で前騎兵大将軍となる　11月正五位上となる	9月藤原広嗣の乱　10月関東行幸　12月恭仁遷都
七四一	天平一三	36	閏3月従四位下となる　4月摂津・河内の淀川堤防紛争を検校　7月民部卿　9月恭仁京の宅地班給使、左右京の設定	
七四二	天平一四	37	8月平城宮留守官　12月恭仁宮留守官	
七四三	天平一五	38	4月紫香楽宮行幸従駕か　5月従四位上、参議　6月兼左京大夫　7月紫香楽宮行幸従駕か	5月橘諸兄左大臣、墾田永年私財法　10月大仏造立の詔
七四四	天平一六	39	閏1月市に赴き定京のことを問う、恭仁宮留守官　2月難波行幸従駕か	閏1月安積親王没

藤原仲麻呂　年譜

天皇		西暦	和暦	年齢	事項	一般事項
		七四五	天平一七	40	1月正四位上　8月難波宮行幸従駕か　9月兼近江守	5月平城京還都
		七四六	天平一八	41	1月元正上皇の掃雪に供奉、作歌　3月式部卿　4月兼東山道鎮撫使、従三位	
	没	七四八	天平二〇	43	3月正三位	4月元正上皇没
孝謙	聖武	七四九	天平感宝元 天平勝宝元	44	7月大納言　8月兼紫微令　この年兼中衛大将	2月陸奥産金　7月聖武天皇譲位、孝謙天皇即位　8月紫微中台設置　12月宇佐八幡神入京
		七五〇	天平勝宝二	45	1月従二位　9月入唐使藤原清河に田村第で餞別の宴会　12月東大寺に赴き、造東大寺官人に叙位	
		七五一	天平勝宝三	46		11月吉備真備を遣唐副使に任命
		七五二	天平勝宝四	47	4月大仏開眼の日、田村第に孝謙天皇行幸	4月大仏開眼
		七五三	天平勝宝五	48		1月大伴古麻呂が新羅と席次を争う
		七五四	天平勝宝六	49	2月遣使して鑑真一行を河内で迎え、東大寺で対面	1月鑑真来朝　7月聖武生母藤原宮子没
		七五五	天平勝宝七	50		1月唐で安禄山の乱発生
	没	七五六	天平勝宝八	51	10月東大寺に米・雑菜を献上	2月橘諸兄辞任　5月聖武上皇没　6月聖武遺品を東大寺に献納
		七五七	天平宝字元	52	1月石津王を養子とする　4月大炊王を太子に擁立　5月紫微内相　6月橘奈良麻呂が仲麻呂を除こうと謀る（橘奈良麻呂の変）　閏8月維摩会振興のため興福寺に田を施す	1月左大臣橘諸兄没　3月道祖王廃太子　4月大炊王立太子　5月養老律令施行　7月橘奈良麻呂の変

年表（天平宝字二年〜天平神護元年）

天皇（在位／太上）	西暦	和暦	年齢	事項（上段）	事項（下段）
淳仁／孝謙	七五八	天平宝字二	53	八月大保、藤原恵美押勝と改称、功封・功田・私鋳銭・恵美家印を許される	八月孝謙天皇譲位、淳仁天皇即位、　官号改制　12月雄勝城・桃生城の造営
淳仁／孝謙	七五九	天平宝字三	54		11月保良宮造営開始
淳仁／孝謙	七六〇	天平宝字四	55	1月渤海使を田村第で招宴　1月淳仁天皇の田村第行幸、従一位大師、随身契を賜う　この年、延慶と『藤氏家伝』編纂	3月貨幣改鋳　6月光明皇太后没　8月小治田宮行幸
淳仁／孝謙	七六一	天平宝字五	56	10月保良京遷都のため稲一〇〇万束を賜う	11月保良宮行幸
淳仁／孝謙	七六二	天平宝字六	57	2月正一位、近江の鉄穴二処を賜う　5月帯刀資人を賜る　2月渤海使のため招宴、この頃栄山寺八角堂建立	10月保良宮行幸　5月孝謙上皇・淳仁天皇の不和、平城京還幸　9月石川年足没　この年、藤原良継事件、飢饉
淳仁／孝謙	七六三	天平宝字七	58		
称徳／淳仁	七六四	天平宝字八	59	9月都督四畿内三関近江丹波播磨等国兵事使、藤原仲麻呂の乱で敗死、氏姓官位剝奪	9月藤原仲麻呂の乱、道鏡大臣禅師となる　10月淳仁天皇廃位、淡路へ配流、孝謙上皇重祚
称徳／没（淳仁）	七六五	天平神護元		4月逆賊仲麻呂のため、藤原氏の封戸返納　5月造東大寺司は仲麻呂に貸した経典の返還を求める	10月淳仁天皇没　閏10月道鏡法王となる

仁藤敦史（にとう・あつし）

1960（昭和35）年静岡県生まれ．89年早稲田大学大学院文学研究科博士後期課程満期退学．98年博士（文学）．早稲田大学第一文学部助手，国立歴史民俗博物館歴史研究部助手・准教授などを経て，2008年より教授．専攻・日本古代史．

著書『古代王権と都城』（吉川弘文館，1998年）
『古代王権と官僚制』（臨川書店，2000年）
『女帝の世紀―皇位継承と政争』（角川選書，2006年）
『卑弥呼と台与』（山川出版社日本史リブレット，2009年）
『都はなぜ移るのか　遷都の古代史』（吉川弘文館歴史文化ライブラリー，2011年）
『古代王権と支配構造』（吉川弘文館，2012年）など他多数

藤原仲麻呂《ふじわらのなかまろ》
中公新書 *2648*

2021年 6 月25日初版
2022年 1 月30日再版

著　者　仁藤敦史
発行者　松田陽三

本文印刷　三晃印刷
カバー印刷　大熊整美堂
製　　本　小泉製本

発行所　中央公論新社
〒100-8152
東京都千代田区大手町 1-7-1
電話　販売 03-5299-1730
　　　編集 03-5299-1830
URL http://www.chuko.co.jp/

Published by CHUOKORON-SHINSHA, INC.
Printed in Japan　ISBN978-4-12-102648-4 C1221